D1528209

LAS FARC EN MÉXICO

De la política al narcotráfico

Jorge Fernández Menéndez

LAS FARC EN MÉXICO

De la política al narcotráfico

Prólogo de Joaquín Villalobos

NUEVO
SIGLO

AGUILAR

AGUILAR

D. R. © 2008 Jorge Fernández Menéndez
De esta edición:
D. R. © Santillana Ediciones Generales, S.A. de C.V., 2008.
Av. Universidad 767, Col. del Valle.
México, 03100, D.F. Teléfono (52 55) 54 20 75 30

Argentina
Av. Leandro N. Alem 720.
C1001AAP, Buenos Aires.
Tel. (54 114) 119 50 00
Fax (54 114) 912 74 40

Bolivia
Av. Arce 2333.
La Paz.
Tel. (591 2) 44 11 22
Fax (591 2) 44 22 08

Colombia
Calle 80, 10-23.
Bogotá.
Tel. (57 1) 635 12 00
Fax (57 1) 236 93 82

Costa Rica
La Uruca,
Edificio de Aviación Civil, 200 m
al Oeste.
San José de Costa Rica.
Tel. (506) 220 42 42 y 220 47 70
Fax (506) 220 13 20

Chile
Dr. Aníbal Ariztía 1444.
Providencia.
Santiago de Chile.
Tel (56 2) 384 30 00
Fax (56 2) 384 30 60

Ecuador
Av. Eloy Alfaro N33-347
y Av. 6 de Diciembre.
Quito.
Tel. (593 2) 244 66 56
y 244 21 54
Fax (593 2) 244 87 91

El Salvador
Siemens 51.
Zona Industrial Santa Elena.
Antiguo Cuscatlan-La Libertad.
Tel. (503) 2 505 89 y 2 289 89 20
Fax (503) 2 278 60 66

España
Torrelaguna 60.
28043 Madrid.
Tel. (34 91) 744 90 60
Fax (34 91) 744 92 24

Estados Unidos
2105 NW 86th Avenue.
Doral, FL 33122.
Tel. (1 305) 591 95 22 y 591 22 32
Fax (1 305) 591 91 45

Guatemala
7ª avenida 11-11.
Zona nº 9.
Guatemala CA.
Tel. (502) 24 29 43 00
Fax (502) 24 29 43 43

Honduras
Boulevard Juan Pablo, casa 1626.
Colonia Tepeyac.
Tegucigalpa.
Tel. (504) 239 98 84

México
Av. Universidad 767.
Colonia del Valle.
03100, México D.F.
Tel. (52 5) 554 20 75 30
Fax (52 5) 556 01 10 67

Panamá
Av. Juan Pablo II, 15.
Apartado Postal 863199,
zona 7.
Urbanización Industrial La
Locería.
Ciudad de Panamá
Tel. (507) 260 09 45

Paraguay
Av. Venezuela 276.
Entre Mariscal López y España.
Asunción.
Tel. y fax (595 21) 213 294
y 214 983

Perú
Av. San Felipe 731.
Jesús María.
Lima.
Tel. (51 1) 218 10 14
Fax. (51 1) 463 39 86

Puerto Rico
Av. Rooselvelt 1506.
Guaynabo 00968.
Puerto Rico.
Tel. (1 787) 781 98 00
Fax (1 787) 782 61 49

República Dominicana
Juan Sánchez Ramírez 9.
Gazcue.
Santo Domingo RD.
Tel. (1809) 682 13 82
y 221 08 70
Fax (1809) 689 10 22

Uruguay
Constitución 1889.
11800.
Montevideo.
Tel. (598 2) 402 73 42
y 402 72 71
Fax (598 2) 401 51 86

Venezuela
Av. Rómulo Gallegos.
Edificio Zulia, 1º.
Sector Monte Cristo.
Boleita Norte.
Caracas.
Tel. (58 212) 235 30 33
Fax (58 212) 239 10 51

Primera edición: septiembre de 2008.
ISBN: 978-607-11-0000-9
Diseño de interiores: Susana Meléndez de la Cruz
Diseño de forros: Miguel Ángel Muñoz Ramírez

ÍNDICE

Nota editorial

En el capítulo I de este libro se citan y comentan algunos de los documentos hallados en las computadoras de Luis Edgar Devia, alias *Raúl Reyes*, tras el ataque militar del 1º de marzo de 2008, al principal centro de mando de las FARC, en la frontera entre Ecuador y Colombia. Dado el carácter de dichos documentos, hemos optado por transcribirlos por completo en el apéndice 3, tal cual existen, sin más edición que su formato tipográfico.

Para mi hijo Jorge,
que se fue demasiado pronto.

Para mi padre Emilio,
que se fue con la dignidad
y las convicciones intactas.

Nunca debieron ser secuestrados los civiles, ni mantenidos como prisioneros los militares en las condiciones de la selva. Eran hechos objetivamente crueles. Ningún propósito revolucionario lo podía justificar.

FIDEL CASTRO

La lucha por los derechos individuales del hombre, de la mujer, del niño y el combate contra la miseria pueden ser convergentes... se terminó la alternativa ultraizquierdista leninista y tradicionalista de una revolución contra el consumo. Al planeta que sufre le importa un bledo.

ANDRÉ GLUCKSMAN

DE LA POLÍTICA AL NARCOTRÁFICO

Ya que como perdedores radicales están convencidos de que su vida no tiene ningún valor, la de los demás les resulta igualmente indiferente; la idea de que la vida merece ser preservada les es ajena. Poco importa que se trate de sus enemigos, de sus partidarios o de terceras personas. Secuestran y matan preferentemente a los que tratan de aliviar la miseria de las zonas que aterrorizan, asesinan a los salvadores y los médicos, y queman la última clínica de la región que seguía prestando servicio médico de base, porque les cuesta diferenciar la mutilación de la automutilación.
HANS MAGNUS ENZENSBERGER

La operación para rescatar a Ingrid Betancourt de manos de las Fuerzas Armadas Revolucionarias de Colombia (FARC), que la habían tenido secuestrada durante más de seis años, resultó impecable. Fue una verdadera lección acerca de cómo deben actuar las fuerzas de seguridad en casos de alto riesgo: tuvo éxito por la habilidad y el entrenamiento de esas fuerzas especiales, por la información y la inteligencia que no sólo les permitió tener información precisa, sino infiltrar a los grupos de secuestradores y, por sobre todas las cosas, demostrar que en Colombia existe un gobierno, un sistema de partidos, un

Estado que tiene perfectamente identificados a los enemigos de la democracia (sean paramilitares o de las farc). Demostró que también existe una sociedad que ya no quiere ni ataques terroristas, secuestros ni bandas del narcotráfico o grupos armados que controlen regiones enteras del país. Trasciende eso al propio gobierno de Álvaro Uribe que, sin duda, en ese ámbito ha realizado un magnífico trabajo, luego de las dudas y titubeos que mostraron sus predecesores César Gaviria, Ernesto Samper y Andrés Pastrana, en cuyos mandatos la propia integridad del Estado colombiano estuvo en peligro. Pero lo sucedido después confirmó que, como se ha dicho muchas veces, el Estado no puede ser derrotado por esas fuerzas… si es que el Estado actúa como un todo, sin mezquindades, sin traiciones, con una identificación plena de sus adversarios.

Las lecciones que deja el caso de Ingrid Betancourt son mucho mayores que la anécdota —en todo caso notable—, del engaño a los miembros de las farc, del rescate perfecto sin un solo disparo, de la cohesión de un país en contra de la violencia. Implica, en primer lugar y en el plano internacional, que las farc están acabadas. No digo que vayan a dejar de existir o que ya no sean capaces de dar algún golpe espectacular o generar una explosión de violencia, pero estratégicamente están derrotadas, y con ellas la última apuesta por llegar al poder mediante la vía armada en la región.

Ése es el punto clave y el que tiene mayor influencia en nuestra propia realidad. Exactamente cuatro meses antes del rescate de Ingrid, el 1º de marzo, en la selva que ocupa la frontera entre Ecuador y Colombia fallecieron cuatro jóvenes mexicanos y resultó herida una quinta, Lucía Morett, durante el ataque al principal centro de mando de las FARC y donde falleció su segundo al mando, *Raúl Reyes*, con su esposa (hija del líder histórico de la organización, *Manuel Marulanda*).

Ahora se comprende mejor la importancia del campamento de Reyes: era el centro de operaciones, comunicación y control de las FARC. Destruido ese centro, muerto *Reyes* y recuperada la información de sus computadoras, quedó al descubierto el entramado del grupo guerrillero, incluyendo su alianza con los gobiernos de Hugo Chávez, Rafael Correa y Daniel Ortega, así como el hecho de que la negociación con los rehenes sólo era un instrumento para obtener el reconocimiento de la agrupación como parte beligerante. Unos días después, aún en el mes de marzo, murió *Marulanda* en medio de ataques a su centro de comando; antes había fallecido el número tres de la organización: Iván Ríos, asesinado por su jefe de custodias para recibir la recompensa fijada meses atrás. Desde entonces fue evidente que las distintas fracciones de las FARC ya ni siquiera estaban en condiciones de mantener una comunicación fluida entre ellas. En realidad, esos golpes habían hecho retroceder a las FARC incluso en el negocio del narcotráfico, ya que, disminuida su capacidad operativa, casi no podían controlar ellas mismas los cargamentos, por lo que debieron regresar al origen: controlar cultivos y cobrar un "impuesto" a los productores en su zona de inserción. Ello redujo su millonario financiamiento —lo único que las cohesionaba—, mientras que el descubrimiento de los papeles de *Reyes* obstaculizaba el respaldo que recibían, sobre todo de parte de Venezuela y Ecuador.

Pero nada de eso responde a la pregunta importante: ¿qué hacían esos jóvenes mexicanos, con preparación universitaria, en el campamento de las FARC? Por supuesto que la tesis del "turismo revolucionario" es absurda: es imposible llegar al lugar sin acompañamiento y autorización de los grupos armados, pues se trata de una zona plagada de retenes y personas armadas. El campamento mismo estaba rodeado de minas antipersonales (las farc siguen siendo de las muy pocas organizaciones del mundo que aún las utilizan, el propio *Reyes* fue víctima de una de ellas cuando intentaba escapar). Absurda también porque hemos visto, con el paso del tiempo, que la célula en la que participaba Lucía Morett recibía entrenamiento militar y político, y era parte de una red en la que participaban muchos otros actores, dentro y fuera de México. La propia información recogida en las computadoras de *Raúl Reyes*, y cuya parte medular en relación con México se presenta en este libro, desnuda esas relaciones. Lucía Morett no regresó a México: de Ecuador fue recogida por uno de los más cercanos aliados de las farc, el presidente nicaragüense Daniel Ortega, en un avión militar que la llevó a Managua, donde fue presentada públicamente por Ortega y su esposa como ejemplo revolucionario. Al momento de escribir estas líneas Lucía seguía en Managua, en una de las casas del presidente Ortega.

La liberación de Ingrid Betancourt ha exhibido a un nivel sin precedentes la perversidad intrínseca de la lógica política de las farc. Ha confirmado que estamos ante la guerrilla más vieja del continente: tiene 46 años, la misma edad que Ingrid y casi el doble de la edad de Lucía. El operativo ha puesto al descubierto que la razón de ser de esa organización ya no es el viejo marxismo leninismo del que hizo gala en el pasado, ni la nueva bandera del bolivarismo que le acercó el gobierno de Hugo Chávez. Sus razones de ser son el narcotráfico, los beneficios de la extorsión y el secuestro, la utilización de su capacidad de fuego para promover sus intereses geopolíticos. Y más aún: no existe motivo alguno para que un grupo realice acciones armadas para hacerse con el poder en México o Colombia, ni en ningún otro lugar de América Latina. Por ello, las pocas organizaciones que aún siguen la vía de las armas para llegar al poder finalmente caen en hechos delincuenciales.

Hoy el respaldo a las FARC es menor al cinco por ciento en Colombia; luego del rescate de Ingrid, éstas se han ganado hasta el rechazo de sus aliados históricos. La lucha armada, la participación en el narcotráfico, la toma indiscriminada de rehenes, hacen de esa agrupación algo tan lejano a las aspiraciones de la sociedad, que tornan imposible su viabilidad política.

Con todas sus deficiencias, en Colombia y también en México tenemos gobiernos democráticos, elegidos por voto popular, sistemas en los que participan todas las fuerzas, desde la derecha hasta la izquierda, en los tres niveles de gobierno, en administraciones reconocidas como tales por la comunidad internacional. Hay un congreso, funcionan (con todas las imperfecciones que se quieran admitir) las instituciones legislativas y judiciales, por ello plantear en este contexto la lucha armada y mantener la misma lógica política durante décadas como si nada hubiera cambiado a nivel local y mundial es, por lo menos, una muestra de ignorancia.

Como muchos, he tenido familiares, amigos y conocidos que, primero en Argentina, Uruguay y Chile, y después en Nicaragua y El Salvador, sufrieron persecución, tortura y muerte en manos de las dictaduras militares que asolaron la región en los años setenta y ochenta. Precisamente por eso sé de qué se trata una dictadura y en qué se diferencia de un gobierno democrático. Hoy México, Colombia y el resto de América Latina son la antítesis de lo que se vivió en esos años. Y sé que la democracia, la libertad, los derechos individuales y civiles van de la mano con la lucha política legal, no con juegos de guerra que terminan siendo manipulados por las fuerzas más poderosas.

Justamente de una manipulación de ese tipo fueron víctimas los jóvenes que murieron aquel 1º de marzo en un paraje perdido de la selva ecuatoriana. Su historia es la que contaremos en este libro.

El rescate de Ingrid y los otros 14 secuestrados dejó a las farc sin cartas para jugar, las exhibió como vulnerables al infiltrarlas hasta los más altos mandos, demostró que no tienen comunicación entre sí y, en fin, las hizo quedar en ridículo. Si las tasas de deserción ya habían sido altísimas en los meses pasados, ahora vendría, inevitablemente, el colapso de la organización, quizá con excepción de sus sectores más duros y menos ligados a la política, como el de Jorge Briceño, apodado *El Mono Jojoy*, profundamente involucrado en el narcotráfico. En última instancia, fueron el sentido de Estado y la claridad en sus metas reales, la inversión en un verdadero sistema de información, inteligencia y operación que otorgara a la población seguridad en todos los sentidos, lo que hizo la diferencia en Colombia.

Para México, esto debe convertirse en una referencia ineludible: no tenemos esa claridad, ni muchos de nuestros actores asumen los desafíos como propios. Algunos incluso terminan siendo cómplices de los propios adversarios de la democracia: las redes de las farc en México lo demuestran. La figura de Ingrid Betancourt, a pesar de la tortura continua de vivir seis años en la selva, como rehén y virtual esclava de un grupo, no debería contraponerse con la de Lucía Morett, muy probablemente tan idealista como Ingrid, pero que creyó que la fuerza y cualquier medio violento pueden justificar un fin. La diferencia es que Ingrid estaba del lado de los secuestrados y Lucía de los carceleros. Y algo está muy mal cuando la vida convierte el idealismo en una lucha contra la libertad.

***

Son muchos los que colaboraron para que este libro fuera realidad, aunque, por supuesto, no sean responsables de su contenido. En primer lugar, Joaquín Villalobos, que en su prólogo logra exhibir desde la izquierda, desde su propia experiencia en las guerrillas de los años setenta y ochenta, la realidad de las FARC y de sus redes internacionales como lo que son: un grupo que desde hace ya muchos años no está interesado en la ideología, sino en el poder y el dinero. El libro es también el producto de varios intercambios de información, consultas con colegas radicados en distintas partes del mundo, y, sobre todo, de un intercambio de opiniones —no siempre coincidentes y por ello más enriquecedoras—, con mi amigo Fred Álvarez. Y sin duda, la labor de recopilación documental que realizó mi amiga y redactora Adriana Salazar fue el eje del libro. Para todos ellos, y para todos los amigos de Santillana y Aguilar, muchísimas gracias por su esfuerzo. Y quiero añadir, finalmente, un agradecimiento particular para mis amigos y jefes en Grupo Imagen: Olegario Vázquez Aldir y Ernesto Rivera que cotidianamente me confirman que se puede hacer buen periodismo con responsabilidad y sin restricciones.

Ojalá esta historia sirva para comprender que la lucha política admite todas las lecturas, pero la violencia sólo pervierte y ayuda, conscientemente o no, a las fuerzas más oscuras de cada sociedad.

DE ROBIN HOOD A PABLO ESCOBAR

Joaquín Villalobos*

D urante la guerra no me preocupaba tanto morir en combate como envejecer de guerrillero. Al ver la juventud de mis compañeros y la mía propia en fotografías de los primeros años del conflicto salvadoreño, concluí que las insurgencias no eran una solución, sino el síntoma de un problema. Más que un proyecto político, fuimos una generación que antes de cumplir 20 años se alzó ante la prepotencia del poder, pero que al llegar a los 40 entendió que había transformado al país y firmó la paz.

En Nicaragua y El Salvador la gente llamaba a los guerrilleros *los muchachos*; en Cuba, *los barbudos* entraron en La Habana cuando estaban en la treintena. Los rebeldes uruguayos y argentinos mostraron con habilidad extraordinaria que era posible sostener una guerra urbana a gran escala, y el M-19 de Colombia convirtió una derrota militar en una victoria política al convertirse en la primera guerrilla que se atrevió a negociar.

Estas seis insurgencias son las más importantes, desarrolladas, imaginativas y audaces del continente: rebeliones de jóvenes que lo dieron todo y en ese camino murieron y perdieron, o vencieron y transformaron, pero todas evitaron envejecer como guerrilleros.

Las insurgencias no surgieron por un romanticismo ideológico, sino por la existencia de dictaduras militares y prácticas autoritarias en todo el continente, con excepción de Costa Rica. Podemos separarlas en dos grupos: las que consideraban la lucha armada como un instrumento para lograr sus fines y las que hicieron de la lucha armada un fin en sí mismo.

Las guerrillas del primer grupo fueron agentes de cambio; las del segundo no se dieron cuenta cuando el mundo cambió. En este segundo grupo se cuentan las insurgencias que envejecieron luchando en Perú, Guatemala y Colombia, tanto, que la colombiana sobrevivió al fin de siglo.

En los años sesenta, setenta y ochenta, las drogas gozaban de tolerancia en la oferta y la demanda. Aunque ahora ya no se tolera su oferta, por aquellos años no se consideraban un problema estratégico de seguridad. En los ochenta, la Agencia Central de Inteligencia (CIA) de Estados Unidos traficó con cocaína para financiar a la contra nicaragüense y militares cubanos permitieron a los narcotraficantes pasar por la isla a cambio de divisas. Se consideraba que "ese veneno era un problema de los gringos". En esa misma época los cárteles mexicanos se fortalecieron y Pablo Escobar exhibía en su hacienda la avioneta con la cual llevó su primer embarque de cocaína a Estados Unidos.

Las FARC colombianas nacieron en 1964, movidas por un programa agrario para enfrentar a un Estado débil en el control de extensas zonas rurales. Al nacer con territorio, se desarrollaron más como una forma de autodefensa campesina, que como una insurgencia con visión de poder. Por décadas fueron una guerrilla militar y políticamente perezosa, sin duda la insurgencia más conservadora del continente que envejeció en la Colombia rural profunda.

Para enfrentarse a las FARC, la extrema derecha colombiana, obviamente con complicidad estatal, inventó el paramilitarismo. La lucha se volvió larga y despiadada de un lado y otro, una verdadera competencia de masacres que en el ámbito urbano dejó muertos a miles de sindicalistas, periodistas y activistas de ambos bandos. Pero en 40 años Latinoamérica cambió, las dictaduras y el autoritarismo desaparecieron, y las izquierdas, incluso en Colombia, pasaron de la clandestinidad, el exilio, las cárceles y las montañas, a los gobiernos y los parlamentos.

Sin ser perfecta, esta transición permite que ahora las izquierdas tengan más poder político que las derechas. La violencia criminal desplazó a la violencia política, el consumo de drogas dejó de ser un problema de los "gringos" y se expandió en Latinoamérica, multiplicando el número de pandillas y haciendo crecer el crimen organizado, la corrupción y todo tipo de delitos. La seguridad se convirtió así en una demanda urgente de los más pobres. La envejecida insurgencia colombiana se encontró entonces habitando en los mismos territorios donde estaba la mayor producción de cocaína del mundo y, con la justificación de que en ese negocio se había metido hasta la CIA, pasó a financiarse con la droga y a montarse en la nueva ola de violencia como un ejército al servicio del narcotráfico. Llamar a las FARC "narcoguerrilla" no es un ataque político, sino una derivación estructural del propio conflicto colombiano, que contaminó también a los paramilitares y a una parte de la clase política de ese país.

El extremismo ideológico hace perder escrúpulos porque la intolerancia frente al enemigo siempre termina justificando los excesos, además de que la crueldad de ese enemigo se utiliza para disculpar la propia. De esa forma, la idea de "ser los buenos" como principio esencial de cualquier insurgencia que necesita "pueblo" termina por desaparecer.

Contrariamente a la guerrilla de Fidel Castro, que no realizó jamás un solo secuestro, las FARC son los mayores extorsionadores y secuestradores del mundo, y sus operaciones militares han sido tan indiscriminadas que han destruido pueblos y masacrado a sus habitantes. En uno solo de esos hechos, en Bojayá, las FARC mataron a 119 personas, incluidos 40 niños, cuando lanzaron explosivos contra una iglesia.

El calificativo de *terroristas* no es un invento estadounidense: es algo que las guerrillas colombianas se han ganado por matar a miles de civiles inocentes. Las FARC son tan odiadas como los paramilitares; prueba de esto fueron los millones que protestaron contra ellas en febrero de este año. Jamás en Latinoamérica pudo gobierno alguno movilizar a tanta gente contra una insurgencia; lo normal era que los insurgentes llenaran las calles contra los gobiernos.

Las FARC son una amenaza transnacional con el poder financiero del narcotráfico para corromper, intimidar y destruir instituciones en cualquier parte, como cualquier cártel, pero su pasado político insurgente confunde a algunos. Los gobiernos de Perú, Brasil y Panamá las persiguen de forma coordinada con Colombia; sin embargo, los de Venezuela y Ecuador las consideran una insurgencia legítima. Esta diferencia provocó la reciente crisis regional.

No son los gobiernos el problema, sino las FARC. La confusión sobre su naturaleza alcanza a sectores de la izquierda europea y latinoamericana, particularmente a la mexicana. Estas izquierdas siguen idealizando al guerrille-ro y justificando una violencia que ya no es política, sino criminal; sustentan su posición en el imaginario de un pa-sado autoritario inexistente; necesitan mentir, justificar los excesos y reinventar a su enemigo para tener sentido. Su apoyo a las FARC fortalece en definitiva a la derecha colom-biana y constituye un peligro para sus propios países.

La violencia delictiva en las calles de Madrid o México está conectada con todo esto. La violencia criminal es ahora hegemónica y, en esas condiciones, la violencia po-lítica organizada, cualesquiera que sean sus intenciones, termina cooptada por la primera. El resultado final es el mismo: "plata o plomo" para políticos de izquierda y de derecha. Sin autoritarismo, las izquierdas latinoamerica-nas tienen ahora un reto más intelectual que emocional, deben resolver problemas en vez de multiplicarlos.

La izquierda latinoamericana tiene ahora muy pocos enemigos externos que obstruyan su paso para ser la gran transformadora del continente. En lugares como Brasil, Chile y Uruguay lo está logrando; sin embargo, en otros países, sus más grandes enemigos son sus propios fantas-mas emocionales y sus dioses ideológicos marxistas leni-nistas. Los primeros la empujan al revanchismo social y político, y los segundos le impiden liberar la imaginación y abrirse al entendimiento de una nueva realidad. Esta po-breza intelectual es la que ha llevado a que un engendro his-tórico tan monstruoso como las FARC sea considerado "de izquierda". Es difícil creer que no se perciba que las FARC son éticamente indefendibles. Quienes en México, Europa o Latinoamérica las respaldan, en realidad aplican el mis-mo principio que utilizó Franklin D. Roosevelt para refe-rirse al dictador nicaragüense Anastasio Somoza: para esta izquierda, las FARC "son unos hijos de puta, pero son sus hijos de puta", por lo tanto los justifican y protegen.

México no fue la excepción en lo que toca al surgimiento de guerrillas en el periodo autoritario; tampoco, en el hecho de que estos grupos, en su momento, contaran con distintos grados de justificación, sobre todo después de los sucesos de 1968. Lo que sí constituye una excepción es la forma en que han sido contrarrestados. La represión en México fue incomparablemente menor que en cualquier otro lugar de Latinoamérica; ahí se refugiaron desde Trotsky, los republicanos españoles, *El Che* Guevara, Fidel Castro y dirigentes sandinistas, hasta guerrilleros de El Salvador, Guatemala, la República Dominicana, Uruguay, Colombia, Venezuela, Argentina, Bolivia, Perú y Chile. Tradicionalmente esto se suele explicar como una marcada diferencia entre la política exterior y la interior, pero a pesar de los hechos represivos, lo cierto es que en México la negociación y la cooptación de insurgentes han sido la norma, y la represión ha sido la excepción. En realidad, los orígenes revolucionarios del sistema político mexicano le dieron muy poco espacio al conservadurismo y anticomunismo extremista que sí reinó en el resto del continente con el apoyo de Estados Unidos. Sin embargo, las izquierdas movidas por el extremismo ideológico marxista no le dieron al "autoritarismo incluyente" mexicano la misma credencial revolucionaria que sí le otorgaron y siguen otorgando al "autoritarismo excluyente" cubano.

Como parte de esta situación, las guerrillas colombianas y las FARC han contado con espacios y presencia en México, de la misma manera que internacionalistas mexicanos han luchado y muerto en otras tierras. Para el caso, los revolucionarios salvadoreños nos habríamos visto en problemas si no hubiéramos contado con los médicos mexicanos que organizaron un eficaz sistema de clínicas y hospitales de guerra, y que mediante cursos intensivos transformaron a jóvenes campesinos con educación primaria en enfermeros calificados. Pero la pregunta principal en la actualidad es si la realidad que ahora viven México y Latinoamérica es la misma que hace 40 o 30 años, y si corresponde entonces seguir asumiendo las mismas posturas. Tal como lo señaló el periódico *El Financiero* en abril de 2008, la guerra contra el crimen organizado ha provocado muchas más muertes en México en 18 meses que la violencia política en los últimos 40 años. En el primer periodo mencionado han muerto más de cuatro mil mexicanos, y en el segundo, 670.

En el caso de Colombia, no fue la política, sino el narcotráfico, lo que convirtió el conflicto rural esporádico de las FARC colombianas en una gran narcoguerra. En El Salvador, las tasas de homicidio ya se acercan a los niveles de la guerra civil de los ochenta, y sólo en los últimos cuatro años los muertos superan los 14 mil. Guatemala está peor que El Salvador, y la Revolución Bolivariana venezolana tiene como su principal debilidad una inseguridad pública que, desde que llegó Hugo Chávez al gobierno, ha dejado más de 60 mil muertos. Las antiguas guerrillas urbanas brasileñas que fundó Carlos Mariguela jamás pudieron tener el desarrollo y control territorial que tienen ahora las pandillas de delincuentes que enfrenta el gobierno de izquierda de Lula da Silva. La lista es más larga, pero lo dicho es suficiente para darse cuenta de que la violencia ya no tiene las mismas posibilidades de ser un agente de cambio que tenía antes. En primer lugar, porque existen condiciones para actuar en la legalidad, y en segundo, porque ahora la violencia y la ilegalidad están en manos de un fenómeno delictivo de grandes proporciones. Y las farc colombianas terminaron cooptadas por este fenómeno.

En México, la violencia política de la izquierda ha tenido muy poco espacio para ser agente de cambio, primero porque se enfrentaba al "autoritarismo incluyente" del pri con todas las posibilidades y espacios auténticos o clientelares que éste había construido, y segundo, porque ahora hay democracia. El sistema político mexicano tiene muchas válvulas de escape, más que las que existen en cualquier otro país del continente. Esto explica por qué la violencia política aparece aislada, esporádica y vinculada a demandas locales: no hay posibilidades objetivas de que tome carácter sostenido, creciente y nacional. Para los envejecidos grupos guerrilleros y sectores radicales de la izquierda mexicana, la principal amenaza no es la represión, sino la cooptación por parte de los cárteles del narcotráfico, y no hay vacuna ideológica que los proteja contra esa peste. Sería muy triste que por persistir en la violencia, el idealismo revolucionario mexicano transitara de Emiliano Zapata hacia *El Chapo* Guzmán.

*Joaquín Villalobos nació en El Salvador, fue líder de una de las facciones más fuertes del Frente Farabundo Martí para la Liberación Nacional (fmln). Como consecuencia de los Acuerdos de Paz de 1992, el fmln se convirtió en un partido político legal. Posteriormente, Villalobos se trasladó a la Universidad de Oxford, en Inglaterra, donde se dedica a la investigación, además de ser asesor en temas de seguridad.

CAPÍTULO I

LA DIMENSIÓN INTERNACIONAL DE LAS FARC

> *Que un hombre muera por una causa*
> *no significa nada en cuanto*
> *al valor de la causa.*
> OSCAR WILDE

La suerte de las Fuerzas Armadas Revolucionarias de Colombia se decidió poco antes de las 11 de la noche del 29 de febrero de 2008, cuando el presidente Álvaro Uribe autorizó a los mandos militares de su país comenzar con la Operación Fénix. La meta: atacar el principal cuartel de la guerrilla en la frontera entre Colombia y Ecuador, ubicado a poco más de un kilómetro dentro del territorio ecuatoriano y protegido por un amplio anillo de seguridad, tanto de guerrilleros como de fuerzas corrompidas por éstos. El objetivo era el segundo hombre en importancia de las FARC, Luis Edgar Devia (alias *Raúl Reyes*), quien controlaba desde esa posición buena parte de las operaciones de las FARC: desde las relaciones con los gobiernos de Venezuela y Ecuador, hasta la red de solidaridad internacional y el tráfico de drogas que se suscita en prácticamente toda la frontera entre los dos países. La compañera de *Reyes* era Gloria, la hija del fundador de la organización, Pedro Marín, alias *Manuel Marulanda* o *Tirofijo*, quien falleció días después (según las FARC, de un infarto; según el gobierno colombiano, como consecuencia de los bombardeos que realizó sobre la zona donde estaba el campamento de *Reyes*), el 26 de marzo, aunque su muerte no fue dada a conocer hasta el 26 de mayo.

Reyes, su compañera y una veintena de militantes de la organización murieron tras el ataque con cohetes realizado desde la frontera y la toma del campamento por parte de unos 40 miembros de élite del ejército colombiano que llegaron al lugar en cuatro helicópteros de combate. Entre los sobrevivientes encontraron a una joven que decía ser mexicana y llamarse Lucía Morett. Por ella se supo que por lo menos otros cuatro mexicanos habían muerto en el campamento. Después se sabría que Lucía y tres más eran estudiantes de la UNAM, y un cuarto, del Instituto Politécnico Nacional.

En otras circunstancias, o para otros países, el debate sobre las FARC podría transitar por caminos relativamente teóricos, pero no es nuestro caso. Como se comprobó con los hechos del 1º de marzo y la información derivada de ellos, las FARC no sólo son una organización profundamente involucrada en el narcotráfico y en el envío de drogas a México, sino que también están entrenando a jóvenes mexicanos en colaboración con grupos armados de nuestro país. Los mexicanos que estaban en el campamento principal no sólo combatían por la causa de las FARC: todo indica que eran parte de un programa de entrenamiento militar para jóvenes que circulan de un campamento a otro y que se ligan a las FARC a través del discurso de los círculos bolivarianos que impulsa y financia el gobierno de Hugo Chávez (mismos que, a su vez, están ligados a grupos armados en nuestro país y sus distintos frentes políticos).

¿Qué hacían unos jóvenes mexicanos en un campamento de las FARC? No hay margen de error: la idea, que ya se ha expresado, de que se trataba de jóvenes realizando algún tipo de "turismo revolucionario" no tiene sustento, menos aún cuando el ejército de Ecuador divulgó videos que los muestran en esos campamentos recibiendo entrenamiento. Pero el problema tiene mayor alcance: ¿qué hacían con las FARC, una organización catalogada como terrorista, involucrada en el narcotráfico, que ha colocado carros bomba en las principales ciudades de Colombia y tiene en su poder a más de 700 rehenes? ¿Qué tiene todo esto que ver con las causas idealistas que se podían esgrimir en el pasado?

Dice Régis Debray, en su libro *Alabados sean nuestros señores*,[1] que en el pasado las guerrillas de corte guevarista que se embarcaban en la lucha armada "tenían sus reglas protocolarias. Atracar un banco para luego comprar armas, de acuerdo. Matar deliberadamente civiles en plena calle, imposible. *Ejecutar* a un traidor o a un torturador, sí. Liquidar fríamente a un prisionero, jamás. Cualquier enemigo capturado debe ser curado como si fuera un guerrillero. El coche *trampa*, la bomba en el metro o en un café, el chantaje con rehenes no sólo eran impensables para mis amigos [recordemos que Debray estuvo en la guerrilla en Bolivia con *El Che* Guevara]: la sola mención de un inicio de actividades de este tipo no sólo habría supuesto la exclusión inmediata, si no la ejecución sin rodeos del degenerado."

Esa suerte de degeneración revolucionaria es la que ha atacado, desde hace años, a las FARC. Se podrían entender el

---

[1] Régis Debray, *Alabados sean nuestros señores. Una educación política*, Mario Muchnik, Madrid, 1999.

entusiasmo y la solidaridad que inspiraban aquellas guerrillas en un continente cuajado de dictaduras militares en los
años setenta, o antes, en los primeros años de la revolución
cubana. Pero, ¿cuáles pueden ser el entusiasmo y la solidaridad frente a un grupo que rompe con todas las reglas y
principios que sustentaron aquellos movimientos? Porque
no estamos hablando de enfrentar una dictadura, sino un
Estado, el colombiano, con el que se puede o no estar de
acuerdo, pero que constituye una democracia reconocida
en la región. Algo está muy mal cuando jóvenes estudiantes
(en realidad ya hombres y mujeres de entre 25 y 30 años de
edad) terminan su vida en un campamento de las farc, en
una zona que, según testimonios de autoridades y de ex
guerrilleros que han abandonado las armas, no sólo es un
santuario para esa organización, sino también su base para
el tráfico de drogas. Miguel, un ex miembro de las farc
que fue uno de los responsables de la seguridad de *Raúl
Reyes* en los campamentos de la zona, se lo cuenta con des-
carnada frialdad a la periodista Maité Rico: "Desde Putumayo entran las camionetas cargadas con pasta base que
preparan los campesinos, y por carreteras ecuatorianas siguen hacia el oeste e ingresan de nuevo a Colombia por
Nariño, donde están los laboratorios. Luego la droga vuelve
a salir por Ecuador hacia la costa".

Hemos estado en Nariño, y la escena es de guerra abierta: tropas, asesores estadounidenses, helicópteros y aviones
de combate participan del lado colombiano en esos enfrentamientos, en una zona donde las farc han lanzado 40
ataques contra territorio colombiano desde sus ocho campamentos en Ecuador. Llegar sin ser llevado ex profeso a
esos campamentos es imposible. Para ser llevado allí se
requiere algo más que confianza y seguridad: se deben

hacer largos recorridos y pasar controles de todo tipo; el campamento está rodeado por un anillo de seguridad de la propia guerrilla y luego por un área de minas antipersonales. Sólo así se llegaba al campamento de *Reyes*, en donde estaban los cinco estudiantes mexicanos.

LA CONEXIÓN MEXICANA

La historia comienza en las calles y aulas de la Ciudad de México. Se ha generado un debate —probablemente inútil en los términos en que está planteado—, respecto a si la Universidad Nacional se ha convertido en una suerte de escuela de guerrilleros. El hecho es que existen en las instalaciones universitarias cubículos que ocupan grupos simpatizantes de las FARC, en los que realizaban actividades los estudiantes heridos o muertos en el enfrentamiento del 1º de marzo. Lo cual es un despropósito que en ocasiones, voluntaria o involuntariamente, ha sido alimentado por sectores muy conservadores, y paradójicamente también por la propia UNAM. La Universidad, como debe ser, demandó que lo ocurrido fuera investigado, pero también llegó a publicar desplegados en apoyo a los jóvenes muertos, logró que se pidiera un minuto de silencio por ellos en la Cámara de Diputados e incluso se enfrascó en una disputa con el presidente Álvaro Uribe cuando éste visitó México. Además, salvo quizá Lucía Morett, los jóvenes involucrados en los hechos podían ser considerados estudiantes porque estaban inscritos en la Universidad, pero no estaban cursando regularmente sus estudios. Eran, como se los conoce en la jerga universitaria, "fósiles". Tampoco estaban realizando tarea académica alguna en Ecuador, avalados o no por la Universidad. Todos ellos eran militantes profesionales que habían participado en acciones de muchos movimientos radicales, desde Atenco y La Otra Campaña hasta las tomas y bloqueos de Oaxaca en 2006. ¿Justifica ese hecho su muerte? No: ninguna muerte violenta puede justificarse. Pero cuando uno decide participar en un movimiento armado de estas características, sabe que apuesta su vida y juega con las reglas de la guerra y la violencia. Todo mundo tiene derecho a llevar su vida como lo considere conveniente, pero incluso en ello debe haber transparencia y honestidad para asumir los costos de cada decisión.

La UNAM no es una escuela de guerrilleros ni mucho menos: es el principal centro de estudios del país. Tiene 300 mil alumnos de todas las clases sociales, religiones e ideologías políticas. En ese sentido es una suerte de muestra concentrada y muy volátil de la complejidad social de México, y su trabajo es central para la estabilidad y el desarrollo del país. Tuvo un gran rector en Juan Ramón de la Fuente, y tiene uno de primerísimo nivel en José Narro Robles. Una acusación lanzada a la Universidad, por lo tanto, sería injusta e infundada. Pero lo que sí es cierto es que la UNAM ha mostrado permisividad para mantener abiertos centros de apoyo a grupos que se consideran terroristas. Si en el campus universitario hubiera cubículos de apoyo a Al-Qaeda, a los paramilitares colombianos o a grupos de ultraderecha mexicanos, serían clausurados, pero no ocurre lo mismo con los grupos de apoyo a las FARC, o cercanos al EPR o a sus numerosos desprendimientos. No se debe confundir la tolerancia con la permisividad de la propia intolerancia. En última instancia, lo que se debe cuestionar no es a la propia Universidad, sino a que se toleren la violencia política e incluso el narcotráfico en ciertos ámbitos de la sociedad mexicana, sobre todo en la Ciudad de México.

Toda esta permisividad se ve reflejada en los documentos encontrados en las computadoras de *Raúl Reyes* y en los provenientes de instituciones de inteligencia colombianas. Luego de semanas de investigación, el contenido de las computadoras fue avalado por la propia dirección de la Interpol, quien dio a conocer que los archivos no habían sido alterados en forma alguna desde su recuperación.

Según esa información, México cuenta con una amplia presencia de las FARC. En realidad, la información demuestra que las FARC están involucradas de una u otra manera en 15 países, la mayoría de América Latina, y también en España, a través de un amplio acuerdo con ETA. En algunos de ellos mantenía (mantiene aún) redes de solidaridad, en otros tenía apoyo institucional y en unos más planeaba acciones militares, desde secuestros hasta atentados, incluyendo tráfico de drogas.

En México, el principal centro de operación de esa organización son las llamadas Milicias Insurgentes Ricardo Flores Magón, denominadas en los documentos mencionados "Célula Ricardo Flores Magón". Su líder es un hombre denominado Fermín, a quien los documentos identifican como Ángel Fermín García Lara o Luna. Es líder del Movimiento de Lucha Popular y del Movimiento Bolivariano de los Pueblos, además de dirigente de la Coordinadora Nacional de Trabajadores del IMSS, en donde forma parte, desde 1994, de la lista Alternativa Rojinegra del Sindicato Nacional de Trabajadores del Seguro Social. De acuerdo con fuentes mexicanas de inteligencia, Fermín está ligado a Efrén Cortés Chávez y Ericka Zamora Pardo, identificados como integrantes del Ejército Revolucionario del Pueblo Insurgente (ERPI). Tuvo una activa participación en La Otra Campaña, organizada por el EZLN, a él le tocó recibirla en el Distrito Federal y el Estado de México. Tiene dos domicilios: el principal, en la calle Pejelagarto, en Ecatepec, y otro en la calle Plutarco Elías Calles, en la Ciudad de México. En 2003 fundó la Comisión de Vivienda y Gestión de las Milicias Ricardo Flores Magón en la capital del país, y desde 2005 creó la Coordinadora Mexicana de Solidaridad con la Revolución Bolivariana de Venezuela, convertida luego en el Movimiento Bolivariano de los Pueblos. Asimismo, las fuentes indican que participa activamente en las labores de solidaridad para la liberación de Jacobo Silva Nogales y Gloria Arenas, dirigentes del ERPI. Su pareja, Margarita Villanueva, es también una reconocida militante de estas organizaciones.

Los documentos muestran que el viaje de los siete estudiantes mexicanos al campamento fronterizo de las FARC ya estaba planeado desde diciembre del 2007; cinco de ellos militaban desde años atrás en las Milicias Flores Magón y dos eran simpatizantes suyos. En la computadora se encontraron bitácoras con líneas de financiamiento, relativamente modestas, para todo ese grupo y para algunos otros militantes, entre ellos Juan González, Fernando Franco, Lucía y Sonia Morett, Verónica Velásquez, Dagoberto Díaz Martínez, Gabriela Mejía Leyva, Pablo Antonio Blanco, Soren Ulises Avilés y Édgar Tovar. También forman parte de la organización Gloria Inés Ramírez y Juan Campos Vega (quien firmó las cartas de recomendación y de constancia de ingresos —ninguno de ellos trabajaba— de los estudiantes mexicanos para obtener la visa ecuatoriana; lo hizo identificándolos como integrantes de la organización Nueva Democracia, desconocida hasta ahora).

Además, según los documentos, las FARC consideran como su principal interlocutora a la senadora Rosario Ibarra de Piedra, sobre todo a través de su secretario particular y ex dirigente del PRT, Edgar Sánchez, y mantienen estrecha relación, dicen, con el senador Cuauhtémoc Sandoval; con Gustavo Iruegas, ex subsecretario de Relaciones Exteriores de Vicente Fox y ahora "canciller legítimo" de Andrés Manuel López Obrador (quien visitó a Lucía Morett en el hospital donde estaba internada y organizó su traslado a Nicaragua, donde actualmente reside públicamente protegida por el presidente Daniel Ortega); con el dirigente perredista Mario Saucedo, y con el priista Gustavo Carvajal, entre otros.

UNA HISTORIA EN DOCUMENTOS

Los primeros documentos que vinculan al grupo de estudiantes mexicanos con las FARC se remiten al año 2000, cuando la guerrilla colombiana tenía aún representación legal en México. Pero ya expulsados los líderes de esa organización entre 2002 y 2003, los primeros contactos detectados en esos textos son de 2004, cuando se registran bitácoras de actividades y rendición de cuentas de México a Colombia. (Véase el documento 2, en el apéndice 3, al final del libro.)

En esos textos ya encontramos mencionados a varios de los jóvenes que fueron a Ecuador, desde Juan González hasta Soren Ulises Avilés, Sonia Morett y Verónica Velásquez. Ese mismo año se establece una lista de contactos en México, entre los que se cuentan a organizaciones ligadas al Partido del Trabajo (PT), la Asociación de Abogados Democráticos, la familia Ochoa Plácido (familiares de la abogada Digna Ochoa), el comité Cerezo (íntimamente ligado al EPR) y la organización Eureka, que encabeza Rosario Ibarra de Piedra. Asimismo, Fermín escribe a *Raúl Reyes*, en diciembre de 2004, sobre un viaje que realizaron a fines de 2003 para visitar el campamento "del compañero Iván" (documento 19), lo que confirma la información de que ese grupo ya había realizado otras visitas a campamentos de las FARC antes de los hechos del 1º de marzo del 2008.

En 2007, la célula Flores Magón envió a *Raúl Reyes* su primer documento de trabajo formal, en el que anunciaba la constitución de la célula encabezada por Fermín como secretario político; además se establecía una larga lista de tareas de difusión y operación, incluyendo las de la coordinadora bolivariana, donde no deja de ser llamativa la decisión de "mantener la máquina expendedora de cigarrillos en la Universidad, así como buscar otros posibles lugares donde colocar máquinas de este mismo tipo". (Véase el documento 4.)

El propio *Raúl Reyes* contestó a Fermín el 6 de octubre de 2007 (véase el documento 7), que podía recibir en su campamento a un militante de la célula identificado como Arturo, quien primero viajaría a Portugal a un encuentro internacional. En este encuentro *Reyes* le pediría a Fermín manifestar a Arturo su interés en la relación con el partido comunista de Rusia. En este mismo documento se mencionan las complicaciones para la oposición revolucionaria en México, a causa de las implicaciones de la réplica del "plan Colombia" puesto en práctica por el presidente Felipe Calderón en cumplimiento de las directrices de Bush-Uribe. Agrega que el PRD, con diputados como Cuauhtémoc Sandoval, dispone de instrumentos de movilización y de lucha contra la "treta" conformada por Bush, Calderón y Uribe.

Poco antes, en agosto del 2007, había sido enviada a México una representante de las FARC apodada *Aleida* o *Aleyda*, quien escribió a *Reyes* (véase el documento 9) que se encontraría esa misma semana con Gustavo Iruegas y Rosario Ibarra, para ver la posibilidad de "empujar el trabajo ya existente". Dice haber retomado la relación con la célula Flores Magón y se queja luego de que el movimiento social "tardará en recuperarse en México" y de que las fuerzas especiales estaban realizando cateos para buscar miembros del EPR. Lo que muestra este documento es que las FARC tenían dos ramas en operación: una relativamente pública, de solidaridad, con integrantes mexicanos, y la otra clandestina, con su propia estructura operativa.

El 20 de septiembre de 2007, *Reyes* escribió a Fermín sobre las relaciones que han establecido con Rosario Ibarra y le pidió que buscara los contactos con el abogado Enrique González Ruiz para "la tarea de desnudar la calaña de Luis Camilo Osorio Isaza", el embajador de Colombia en México (véase el documento 18). Una semana después, Fermín contestó haber contactado, como se lo había pedido *Reyes*, a Juan Campos y, por inmediación de Edgar Sánchez, a Rosario Ibarra (véase el documento 17).

El 19 de noviembre del año pasado, Fermín le contó a *Reyes* sobre el primer informe del llamado "Gobierno legítimo" de López Obrador en el Zócalo y acerca del incidente en el cual ingresaron militantes a la catedral metropolitana (véase el documento 14). Según Fermín, "Doña Rosario fue oradora del mencionado acto y defendió a los manifestantes que entraron a la catedral a intentar silenciar el repiqueteo de las campanas", pero sobre todo destacó que en su intervención Rosario haya equiparado la Iniciativa Mérida con el Plan Colombia y la intervención de Estados Unidos y Colombia en México.

En una carta dirigida a Reyes el 8 de diciembre (véase el documento 12), Fermín comentó acerca de nuevos contactos con Rosario Ibarra y Edgar Sánchez. Es importante lo que dice sobre su última reunión de célula, en la que comenzaron a organizar el viaje a Quito que se realizaría a finales de febrero para asistir al congreso de la CCB. También se menciona la visita al propio *Reyes*: tentativamente viajarían seis personas, cuatro del partido y dos más del núcleo de apoyo.

El 12 de diciembre, *Reyes* contestó a Fermín que sería muy productiva su presencia y la de las otras cinco personas en el campamento. También le pidió que buscara a los "hermanos Sevilla" que identificó con el EPR, para que los asesorara sobre la manera de interferir señales de radio y televisión. (Véase el documento 11.)

El 15 de diciembre Fermín volvió a escribir una larga carta a *Raúl Reyes* (véase el documento 10), de parte de toda la Célula Flores Magón. Destacó el apoyo del abogado González Ruiz para publicar un texto en *Proceso* y comentó que el embajador Luis Camilo Osorio mantenía una excelente relación con Eduardo Medina Mora, titular de la PGR y quien, según Fermín, había sido el único funcionario del gobierno de Calderón que se había pronunciado en contra de las FARC. Fermín informó a *Reyes* estar digitalizando un archivo fotográfico que le llevaría al encuentro de febrero, y agregó que el ya citado Arturo había confirmado su asistencia en febrero al congreso de los comités bolivarianos de Ecuador y su posterior presencia en los campamentos.

Otro documento (véase documento A), pero de las organizaciones de inteligencia del gobierno colombiano, habla de la estructura de apoyo a las FARC en México, encabezada por Marcos León Calarcá (que fue representante legal del grupo en nuestro país hasta el año 2002, apodado *Marcos* y es actual jefe de relaciones internacionales de las FARC, localizado en Bolivia) y apoyada por un equipo encabezado por Mario Dagoberto Díaz Ordaz (quien recibió el 13 de febrero a los integrantes de la Flores Magón en Quito), Mariana López de la Vega y Juan González (quien era también responsable de la red de solidaridad en cinco zonas regionales de México y falleciera en los ataques del 1º de marzo). De ellos dependían el Movimiento Mexicano de Solidaridad con las Luchas del Pueblo Colombiano, el Capítulo México de la Coordinadora Bolivariana, además de Dessiré Torrano y Paulo Mendoza. En ese documento, la Célula Flores Magón es considerada una estructura autónoma de los organismos de Solidaridad.

Entre la información disponible también existe un video que tiene origen en las fuerzas militares de Ecuador, en el que se pueden observar participando en la vida cotidiana del campamento atacado el 1º de marzo, a Verónica Velásquez y Lucía Morett. El video fue filmado entre septiembre y octubre de 2007. Esto confirma que Morett y ese grupo ya habían visitado con anterioridad el campamento de entrenamiento del grupo armado.

Esta información ha ido de la mano con otra que se divulgó en Quito, al iniciar la fiscalía ecuatoriana un proceso contra las tres sobrevivientes del ataque: Lucía Morett y las colombianas Marta Pérez Gutiérrez y Doris Torres Bohórquez. En el inicio formal del proceso, el fiscal Wirmar Gonzabay hizo una reconstrucción de los hechos del 1º de marzo y señaló que "de las investigaciones existen suficientes argumentos para imputar a las tres mujeres por delitos en contra de la seguridad interior del Estado y en particular por lo que dice el artículo 147 del Código Penal", que sanciona con penas de cuatro a ocho años de prisión al que "promoviere, dirigiere o participare en organizaciones de guerrillas, grupos de combate o grupos o células terroristas [...] las penas serán —agrega el artículo del Código Penal ecuatoriano—, si estas actividades se ejecutan con armas u obedeciendo órdenes foráneas". El fiscal pidió la prisión preventiva de las tres mujeres porque asumió, con la evidencia existente, que eran miembros activos de las FARC que operaban en suelo ecuatoriano.

El tema ha generado una enorme controversia en Ecuador, porque la fiscalía demoró 73 días, después de iniciada la averiguación, para concluir con esa orden de detención y el anuncio del proceso. Ahora se sabe que a partir del primer momento, desde que fueron rescatadas con vida en el campamento de las FARC, tanto Morett como las dos jóvenes colombianas, reconocieron ser parte de esa organización. Cuando fueron trasladadas al hospital militar de Quito cambiaron su declaración: las jóvenes afirmaron ser campesinas de la región que habían sido secuestradas y eran utilizadas como "esclavas" para el trabajo doméstico del campamento; Morett aseguró ser una estudiante que había llegado allí para recoger información para su tesis de licenciatura. Lo que desmiente esa versión es que las declaraciones iniciales de las tres habían sido filmadas por el ejército ecuatoriano y, además, se encontró el otro video, donde se ve a Morett y a una de las jóvenes en entrenamiento durante lo que se presume septiembre u octubre pasados.

Las autoridades ecuatorianas tenían toda esa información, pero no la dieron a conocer inmediatamente, sino hasta después de la crisis que se generó entre el presidente

Rafael Correa y sus mandos militares a propósito de este asunto. Pese a las presiones para procesar a las detenidas y reconocer que el ecuatoriano muerto en ese ataque, Frankil Aisalla, no sólo era miembro, sino dirigente de las FARC, el gobierno de Correa se enfrascó en un debate diplomático con Colombia que no ha concluido. Básicamente, Ecuador pide que Colombia pague indemnización a su país y a los muertos en el ataque del 1° de marzo. Mientras tanto, Lucía Morett abandonó Ecuador y encontró refugio en Nicaragua, donde, como ya dijimos, reapareció en un acto público acompañada del presidente Daniel Ortega y su esposa, con el puño en alto y reivindicándose como "revolucionaria". Las otras dos jóvenes, inmediatamente antes de que comenzara el proceso, fueron recogidas en Quito por un avión militar nicaragüense —como había ocurrido con Morett— que las trasladó a Managua, donde el gobierno de Ortega también les concedió asilo y protección.

Y detrás de todo hay un dato que tiene nerviosos a muchos sectores: el análisis, realizado por la Interpol al contenido de las tres computadoras que pertenecían al comandante *Raúl Reyes*, encontradas en el campamento de las FARC, expone a los presidentes de Ecuador, Venezuela y Nicaragua, al poner al descubierto las relaciones de las FARC con sus gobiernos, con el narcotráfico y con los traficantes de armas. Además de que exhibe la red internacional de apoyo y operación de esa organización. Esto es lo que informó la Interpol sobre la fiabilidad de la información encontrada en las computadoras:

El sábado 1° de marzo de 2008, el gobierno colombiano realizó una operación de lucha contra el narcotráfico y el terrorismo en un campamento de las Fuerzas Armadas Revolucionarias de Colombia, situado del lado ecuatoriano de la frontera entre Colombia y Ecuador. Durante este ataque, las autoridades de Colombia decomisaron tres computadoras portátiles, dos discos duros externos y tres llaves USB que pertenecían a *Raúl Reyes*, nombre de guerra de Luis Edgar Devia Silva, que formaba parte del grupo de siete miembros que constituye la Secretaría de las farc, además de ser el responsable de las negociaciones y el portavoz de la organización.

Durante la operación murió *Raúl Reyes* y a partir de este decomiso, el gobierno de Colombia solicitó la ayuda de Interpol para que realizara un análisis forense de las ocho pruebas decomisadas y determinara si alguno de los archivos se había creado, modificado o eliminado el 1º de marzo de 2008 o después de esta fecha.

Ante esta solicitud Interpol prestó su apoyo a Colombia, uno de sus países miembros; después de haber analizado la situación, propuso el envío de una Unidad de Gestión de Crisis a ese país a fin de estudiar la viabilidad técnica de la solicitud y asesorar cómo realizar la investigación.

La Unidad de gestión de crisis que se envió fue denominada *CompFor* (por la expresión en inglés computer forensics), que incluía a dos especialistas en investigación forense de Australia y Singapur quienes no hablaban español. Esto para que los expertos no se viesen influidos por el contenido de la información y se salvaguardara su objetividad en el curso del análisis forense.

El análisis de Interpol se limitaba únicamente a establecer los datos reales que contenían las ocho pruebas, comprobar si los archivos de usuario habían sido modificados de algún modo el día 1º de marzo de 2008 o posteriormente y determinar si las autoridades colombianas habían manejado dichas pruebas de acuerdo con los principios internacionalmente establecidos.

La investigación de Interpol no incluía el análisis del contenido de los archivos encontrados en las ochos pruebas, la precisión y el origen de los archivos en las mencionadas pruebas están fuera del alcance del análisis forense.

La primera fase de la investigación se realizó en Bogotá y los especialistas realizaron copias exactas de los datos contenidos en las pruebas. Durante la segunda fase, los expertos efectuaron el análisis forense en sus respectivos países de trabajo.

Al concluir el análisis informático forense, Interpol llegó a las siguientes conclusiones: las ocho pruebas, las computadoras portátiles, llaves USB y discos duros externos, contienen en total 609,6 gigabytes de datos en forma de documentos, imágenes y vídeos. En el equipo había 37 872 documentos de texto, 452 hojas de cálculo, 210 888 imágenes, 10 537 archivos multimedia, 7 989 direcciones de correo electrónico y 22 481 páginas de Internet. Se hallaron 983 archivos encriptados.

Entre el 1º de marzo de 2008, fecha en que incautaron las pruebas instrumentales y el 10 de marzo de 2008, cuando se entregaron a los especialistas de Interpol, las autoridades colombianas accedieron a todas las pruebas ajustándose a los principios reconocidos internacionalmente.

Interpol no encontró indicios de que tras la incautación de las pruebas se hayan creado, modificado o suprimido archivos de usuario en ninguna de dichas pruebas.

La investigación realizada por Interpol no implica la validación de la exactitud de los archivos ni la interpretación que cualquier país pueda hacer de dichos archivos, ni de su origen. Además de este informe público, Interpol entregó a las autoridades colombianas un informe técnico clasificado en el que se incluyen las copias electrónicas de todos los archivos contenidos en las ocho pruebas decomisadas a las FARC.

La izquierda mexicana y las farc

Con el resultado de la investigación de Interpol se cae la tesis publicitaria de los presidentes Chávez y Correa, según la cual su relación con las farc se basaba en su interés por la liberación de los rehenes, y se confirma que la célula de las farc en México es una realidad, lo que obliga a las autoridades de nuestro país a tomar medidas en ese sentido. También se confirma que quienes estaban en el campamento de la Angostura tienen una relación estrecha con las farc y estaban recibiendo adiestramiento militar.

En los documentos sobre las relaciones de las farc con distintos sectores y personajes políticos mexicanos quedan en evidencia muchas cosas. Por una parte, la existencia operativa y ligada por lo menos a dos grupos armados, y a distintas corrientes y personalidades de la izquierda "ultra", de una red de las farc en nuestro país con muchos años de operación, que desde 2003 comenzó a reconfigurarse para operar en forma clandestina.

En segundo lugar, y de manera más importante, queda claro que los jóvenes mexicanos que se hallaban en el campamento fronterizo de las farc no eran estudiantes que estuvieran realizando tesis o investigación alguna en el lugar, sino militantes de las Milicias Insurgentes Ricardo Flores Magón. Se puede ver asimismo que el viaje de éstos estaba preparado por lo menos desde diciembre pasado; que por lo menos uno de los boletos fue pagado con un fondo —escaso, por cierto— de la célula de la organización en el Distrito Federal, y que en la correspondencia entre Fermín y *Reyes* se especifica con toda claridad cuándo y cómo sería la visita. Una vez más, hay que insistir en que la relación de todos los involucrados se remonta, según esta documentación, por lo menos a 2004. Incluso, para varios de los involucrados, dicha relación es aún más vieja, porque en un documento de 2004 se hace referencia al viaje, realizado un año atrás y encabezado por el comandante Iván, a uno de los campamentos de las FARC.

Pero lo que parece más preocupante es la postura, ante todos esos hechos, de lo que podemos denominar como un ala probablemente hegemónica de la izquierda mexicana. Si nuestra izquierda, o al menos amplias corrientes de ella, no han aceptado aún que la lucha democrática es la única que puede dignificarlos y llevarlos al poder, si muchos siguen pensando que las FARC son un interlocutor confiable y aceptable con el cual mantener relaciones políticas amistosas, terminarán por no hacer falta para construir una sociedad democrática.

La relación con las FARC es significativa, pues se trata de un grupo que realiza actos terroristas inocultables —como matar a 40 niños en una iglesia porque pertenecían a una comunidad rural que no los aceptaba—, que trafica con drogas, que ha mantenido a cientos de personas secuestradas durante años y en condiciones salvajes, inhumanas. A pesar de todo eso y más, esos sectores de nuestra izquierda siguen pensando y actuando como si las FARC fueran aliados aceptados y aceptables; no comprenden que en efecto son aliadas y socias, no sólo de grupos armados en México, sino también del narcotráfico, por lo menos desde 1997.

Para México éste es un problema de política internacional, pero también de política interna. No podemos volver a equivocarnos como país. Hasta bien entrada la administración de Vicente Fox, se toleró la participación abierta de las FARC en México con la excusa de que podíamos ser un instrumento para la pacificación de Colombia.

Antes, el PRI había aceptado la incorporación de las FARC a la COPPAL, una coordinadora de partidos de centro izquierda que ha ido perdiendo esencia con el paso de los años y que fue, en muy buena medida, reemplazada por el Foro de São Paulo, donde también intervinieron las FARC. Quizá en el pasado ello era legítimo, aunque implicaba cerrar los ojos a las actividades ilegales de esa organización en territorio nacional.

Ahora, varios años después, el escenario es más grave porque no sólo no existe ningún proceso real de pacificación en Colombia que pueda justificar dicha tolerancia, sino porque además se ha comprobado que las FARC entrenan militarmente a jóvenes mexicanos ligados a grupos armados. México debe tener la capacidad de preservar los aspectos más delicados de su amenazada seguridad nacional.

OTROS ALIADOS

La relación de los jóvenes extranjeros que se encontraban en el campamento de las FARC con dicha organización, si nos basamos en los datos existentes, ya no debería estar sujeta a discusión. Luego del ataque del ejército colombiano al campamento de las FARC se han hecho todo tipo de especulaciones sobre el carácter de ese campamento y las actividades que en él se desarrollaban. Lo cierto es que, como mencionamos, allí vivían *Raúl Reyes*, el principal líder de las FARC luego de *Manuel Marulanda*, y la hija de éste último, pareja de *Reyes*, de nombre Gloria. Toda la información que se ha recopilado de diversas fuentes hasta ahora demuestra que se trataba de un campamento permanente y estratégico, protegido por las autoridades ecuatorianas y desde donde se manejaban las operaciones políticas y de negocios de las FARC. La información, repetimos, también desmiente cualquier posibilidad de que los jóvenes mexicanos heridos o fallecidos en el lugar estuvieran realizando estudios académicos o una visita de cortesía a una zona rigurosamente vigilada.

Además, la documentación hallada en el lugar pone de manifiesto una trama de relaciones políticas, económicas, militares y delincuenciales que llegan a México y pasan, sin duda, por Venezuela, Ecuador, Nicaragua y otras naciones.

De entre los documentos recuperados de las computadoras de *Raúl Reyes*, los más importantes en lo que concierne a estos países y a México, son las cartas de *Manuel Marulanda* al presidente Hugo Chávez (véanse documentos I y V), y los documentos relativos al establecimiento de una alianza oficial entre las FARC y el gobierno de Ecuador encabezado por Rafael Correa (en este sentido es importante la reunión del ministro ecuatoriano Gustavo Lara con *Raúl Reyes*). También son de destacar una nota cifrada sobre un envío de drogas a México, noticias sobre la adquisición y venta de 50 kilos de uranio, la estrategia del gobierno venezolano de establecer una reunión con *Marulanda* en territorio "desocupado" por el gobierno colombiano (véase documento IX.), y la confirmación del líder Edgar Tovar de la venta de 700 kilos de cocaína por millón y medio de dólares, entre otros documentos.

Venezuela

Parte de la información que estaba en las computadoras de *Reyes* señala que a fines del año pasado se pretendió realizar una cumbre de los comandantes de las FARC con los presidentes Hugo Chávez, de Venezuela; Rafael Correa, de

Ecuador; Daniel Ortega, de Nicaragua y Evo Morales, de Bolivia (véase documento II). Se propuso que el encuentro se realizara en la zona de las selvas de El Yarí, en Colombia, con el pretexto de establecer una estrategia humanitaria para canjear a un grupo de rehenes en poder de la guerrilla colombiana por los detenidos de esa organización custodiados por el gobierno de Álvaro Uribe. Sin embargo, de acuerdo con la documentación, la reunión era parte de una estrategia que buscaba utilizar ese canje como parte de un proyecto unificador bolivariano de mucho mayor alcance.

En esos documentos se establece la cercanía de los otros tres mandatarios con Chávez. De todas maneras, el propio Iván informó a *Manuel Marulanda*, líder de la organización, de un encuentro privado entre él y el presidente venezolano. Todo ello es parte de un texto fechado el pasado 4 de octubre (véase documento II), en el que se plantea la estrategia para sacar adelante ese encuentro gracias a una llamada "de Chávez a Fidel", antes de que el venezolano se encontrara con Uribe para proponerse como mediador. Chávez explicaría a Uribe la necesidad del retiro de la fuerza militar de las regiones de Pradera y Florida, además del de la selva de El Yarí.

Era tal el interés de Chávez por encontrarse con la dirección de las FARC, que Iván le informó a *Marulanda* que el presidente no sólo había sugerido tres fechas para el encuentro, sino que había dejado en blanco nueve días de su agenda, a la espera de una respuesta positiva. En el relato de lo que aparentemente es un encuentro con el propio Chávez, Iván afirma que éste le preguntó quiénes serían los delegados de las FARC para el encuentro, porque por Radio Caracol se había dicho que en éste no participaría el dirigente guerrillero que habría de fallecer el 1º de marzo, sino Iván Márquez, quien efectivamente fue recibido días después por Chávez en el Palacio de Miraflores. Ese mismo documento luego explica toda la logística para esa reunión, organizada por el propio mandatario venezolano y el ex ministro Ramón Rodríguez Chacín, uno de sus hombres más cercanos.

Luego de los encuentros, y cuando ya Chávez había reconocido como fuerza beligerante a las FARC con las que, dijo, compartía un proyecto político bolivariano, el propio *Marulanda* le escribió una larga carta al presidente venezolano (documento v). En la misiva, escrita en enero pero enviada en febrero de este año, y ahora considerada uno de los documentos póstumos de *Marulanda*, el jefe máximo de la guerrilla colombiana manifestó su entusiasmo por la medida adoptada por Chávez, hizo durísimas críticas a Uribe y adelantó que las FARC "siempre [estarán atentas] en caso de agresión gringa para aportar nuestros modestos conocimientos en defensa de la revolución bolivariana de Venezuela".

En el texto se calificó a los rehenes como prisioneros de guerra. Para *Marulanda*, "el terrorismo es una estrategia y un pretexto de Estados Unidos para invadir pueblos y desestabilizar gobiernos democráticos y progresistas, con el fin de mantener la hegemonía de por vida e impedir la liberación de los pueblos del imperio o imperios". Asimismo, en la misiva se toca el tema del narcotráfico. *Marulanda* indicó a Hugo Chávez que "para desprestigiar a los líderes revolucionarios del movimiento nos sindican de traficar con drogas, desconocen y no quieren entender que las FARC como principio y norma prohíben el uso, comercio y tráfico de estupefacientes". Sin embargo, reconoce que cobran un impuesto a los narcotraficantes que producen droga en sus regiones campesinas.

El 26 de marzo del 2008, poco más de tres semanas después de la muerte de su hija Gloria y de *Raúl Reyes*, en la Angostura, *Manuel Marulanda* murió en un campamento de las FARC.

ECUADOR

El gobierno de Ecuador dirigido por el presidente Rafael Correa llegó en enero pasado a acuerdos estratégicos con la dirección de las FARC, gracias a un encuentro con *Raúl Reyes*. En un extenso informe (véase documento VI) enviado al líder de la organización, *Manuel Marulanda* (identificado como JE), el 18 de enero, *Reyes* comunica que recibió, en el mismo campamento que fue destruido mes y medio después, la visita del ministro ecuatoriano de Seguridad, Gustavo Larrea, con quien llegó a los compromisos de oficializar la relación entre la dirección de las FARC y el propio gobierno ecuatoriano, así como coordinar actividades sociales de ayuda a los pobladores de la zona fronteriza. El ministro Larrea expresó que estaría dispuesto "a cambiar mandos de la fuerza pública de comportamiento hostil con las comunidades y civiles de la zona", para lo cual, dice Reyes en el documento, solicitan información de las FARC, a las que consideran una organización insurgente del pueblo con propuestas sociales. Se comprometen también a demandar a Colombia ante la Corte Internacional por los efectos dañinos de las fumigaciones contra los plantíos de coca y anuncian que en 2009 cancelarán a Estados Unidos la licencia para la operación de la base militar de Manta.

Su programa de gobierno, dijo Larrea a *Reyes*, "se orienta a la creación de las bases socialistas", mientras que Uribe representa los intereses de la Casa Blanca, las multinacionales y la oligarquía. Ecuador pidió que se le entregara a uno de los rehenes como "gesto político" e informó que el gobierno de Quito estaría dispuesto a dar documentación y protección a un miembro de la organización. En el mismo documento, *Reyes* escribió a *Marulanda* que ya era hora de solicitar a Venezuela que recibiera a "los prisioneros de las dos partes", para que Chávez ganara mayor protagonismo y se pudiera evitar la presión de las visitas a los prisioneros enfermos.

Según los documentos, *Reyes* se volvió a reunir, dos días antes del ataque, con representantes del gobierno de Ecuador. En un documento del 28 de febrero enviado al secretariado de la organización (documento x), dice que hubo otro encuentro con un "emisario del presidente Correa" quien solicitó conversar personalmente con el secretariado en Quito y ofreció garantías y transporte desde la frontera hasta el lugar del encuentro. La reunión era para hablar de "la política de fronteras, la solución política, Ingrid [es significativo que *Reyes* se refiera aquí a ella] y el papel de Chávez", además de explicar los propósitos del Plan Ecuador. Reyes explicó a los mandos: "dejamos claro nuestro interés en contribuir en la labor de hermanarnos más en la frontera" y que, "por lo conversado con el emisario, las relaciones Chávez-Correa no están en su mejor momento". También sostuvo que Uribe incluso trató de presionar a Correa para que le ayudara a limar asperezas con Chávez. Respecto a la invitación para que el secretariado de las FARC se trasladara a Quito escribió: "no deja de preocuparme una eventual movida a atender la invitación por la alta concentración de agencias de inteligencia y corrupción en ese país, donde el gobierno [de Correa] aún es bastante débil". No deja de ser notorio un último párrafo donde afirmó "los gringos pidieron cita con el ministro [Larrea, presumiblemente] para conversar sobre varios temas". Según el texto de *Reyes*, los estadounidenses "les enviaron decir que el próximo presidente será Obama y que éste no apoyará ni el Plan Colombia ni el TLC".

LOS NEGOCIOS DE LAS FARC

Además de los acuerdos con los gobiernos de Hugo Chávez y Rafael Correa, los documentos de las FARC confirman la existencia de un plan estratégico para impulsar el proyecto bolivariano en el continente, la venta de drogas para financiar el movimiento, un trabajo de intermediación para la venta de uranio enriquecido en el mercado negro, el estudio de ofertas gubernamentales para comercializar petróleo y petroquímicos a través de empresas fantasmas, una serie de atentados y ataques dinamiteros y la utilización del intercambio de rehenes para lograr que se considerara a las FARC como parte beligerante en el conflicto militar en Colombia.

En términos de negocios, el 8 de febrero del 2008, los líderes del frente 48 informaron al secretariado que habían realizado el primer encuentro con alguien identificado como *Ángel*. En el mensaje mencionaron un envío del que "ya tiene[n] disponibles los primeros 50 y tiene un cronograma para completarnos 200 en el transcurso del año". Según el comunicado (véase documento VII), en parte codificado, "el amigo de 348-6546-6447-6849-6471-6542 le sugirió trabajar el paquete por la vía del mercado negro". El mismo personaje, *Ángel*, "nos ofreció la posibilidad de un negocio en el que nosotros recibimos una cuota de petróleo para comercializarla en el exterior, lo que nos dejaría una jugosa utilidad". Otra oferta, aseguran, era la venta de gasolina a Colombia o a Venezuela. Hablaban de la creación para ello de empresas fantasma y luego de pedidos concretos de Chávez a *Marulanda,* entre ellos la recepción en Venezuela de todos los prisioneros. Después de eso, según consta en el documento, Chávez tenía proyectado crear una especie de Grupo de Contadora en el que participarían Venezuela, Argentina, Brasil, Cuba, Ecuador, México y Nicaragua.

Entre los documentos también destaca un informe de Edgar Tovar, jefe del frente 48 de las FARC, a *Raúl Reyes,* que contiene un largo recuento de acciones militares y deserciones de sus filas, así como de los mecanismos de financiamiento, entre ellos el envío de cuatro pequeños cargamentos de droga a México y la compra de uranio enriquecido por 2.5 millones de dólares. Finalmente informa a Juárez luego de comentarle que un ministro de apellido Bustamante con el que han tenido tratos es agente de la CIA, y un llamado "sucesor" conocido por el apellido Roldán pertenece a la DEA, también añade que manda a Gloria seis mil dólares. (Véase documento IX.)

Asimismo, se encuentra un informe de un dirigente llamado Jorge dirigido al secretariado nacional, en el que se pregunta en dónde se realizaría el pago por unos envíos de droga (véase documento IV).

Pero los negocios de las FARC iban, en México, mucho más allá. Y por lo menos desde 1997, cuando aún mantenían una representación legal en nuestro país, estaban ya ligados con el narcotráfico.

CAPÍTULO II

LAS FARC, LA POLÍTICA Y EL NARCOTRÁFICO EN MÉXICO

La ciencia son hechos; de la misma manera que las casas están hechas de piedra, la ciencia está llena de hechos; pero un montón de piedras no es una casa, y una colección de hechos no es necesariamente ciencia.

HENRI POINCARÉ

A finales de abril de 2008, en la región de Antioquia, Colombia, durante un enfrentamiento murió Miguel Ángel Mejía Múnera, uno de los narcotraficantes más importantes de ese país. Dos días después fue detenido su hermano Víctor Manuel. Ambos encabezaban la organización llamada "Los Mellizos", que —desde la caída de los grandes cárteles de Medellín y Cali, la detención de los jefes del llamado cártel del Norte del Valle y la muerte en septiembre pasado del responsable de las principales operaciones del narcotráfico de las FARC, Tomás Medina, apodado *El Negro Acacio*— no sólo había reemplazado a los paramilitares en el negocio del narcotráfico, sino que, desde el fracasado proceso de paz del presidente Andrés Pastrana, se había convertido en el brazo operador de las FARC para esa actividad. Los Mellizos tenían sólidas relaciones en México, en un corredor que nacía en el Pacífico y depositaba la droga en el Distrito Federal para que ingresara en Estados Unidos, básicamente por Nuevo Laredo.

Se trataba de un nuevo tipo de organización que había tomado el papel que antes cumplían en Colombia los grandes cárteles del pasado. Con un mecanismo mucho más horizontal, controlaba aproximadamente 20 agrupaciones que operaban en distintos lugares del país. Una vez desmovilizados los grupos paramilitares de las Autodefensas Unidas de Colombia (UAC), Los Mellizos tomaron su lugar en la venta de drogas e hicieron acuerdos estratégicos con las FARC y, en menor medida, con el Ejército de Liberación Nacional (ELN). Su relación con los cárteles mexicanos también era distinta, pues contaba con una estructura más independiente y con la venta a distintas organizaciones a partir de diferentes mecanismos de financiamiento.

El negocio de la cocaína no ha disminuido en términos mundiales ni en relación con su producción en América del Sur. Apenas en abril de 2008, el zar antidrogas de la Casa Blanca declaró que el tráfico de cocaína en la región había pasado de 1022 toneladas en 2006, a 1441 toneladas en 2007, un aumento de 40 por ciento. Las cifras no especificaban qué porcentaje correspondía a la producción colombiana y cuál a las de las demás naciones productoras de hoja de coca de la región (Ecuador, Perú y Bolivia), aunque las versiones preliminares indican un fuerte incremento de la producción, sobre todo en la frontera entre Ecuador y Colombia. Esta nueva actividad habría catalizado los enfrentamientos suscitados en el lugar a partir de marzo de este año. El dato cierto es que, según la Casa Blanca, se detectaron más aviones y barcos cargados de cocaína procedentes de Venezuela hacia México y América Central, y también en la dirección de Asia y Europa. Según el propio informe, hubo asimismo un aumento en los decomisos de droga: en 2007 se incautaron 316 toneladas, 23 por ciento más que en el año anterior. Ello se debió en buena medida a los decomisos realizados en México, de poco más de 55 toneladas. Mientras tanto, la droga asegurada en el Caribe ha disminuido 64 por ciento respecto de 2006, lo que implicaba una presencia mayor del narcotráfico en esa ruta, la cual se que había abandonado parcialmente desde hacía más de una década. Esto resultado, según la Casa Blanca, de la falta de cooperación en la lucha antinarcóticos del gobierno venezolano.

En ese contexto adquieren su verdadera dimensión la muerte y detención de los líderes de Los Mellizos, por cada uno de los cuales Estados Unidos ofrecía cinco millones de dólares de recompensa. Fue parte de una operación internacional apodada *Titán*, en la que participaron, desde años atrás, distintos gobiernos, entre ellos los de México, Colombia y Estados Unidos. Todo el hecho es, asimismo, un importante capítulo en la historia de la participación de las FARC en el narcotráfico operado desde México.

En nuestro país, el primer antecedente de esta operación ocurrió el 22 de octubre de 2002, con el aseguramiento de un trailer que llevaba 730 kilos de cocaína pura. Meses después se incautó, como parte del intercambio de información derivada de aquel decomiso, una avioneta con más de dos toneladas de droga. A partir de esas acciones se identificó al principal operador de la organización en México: Juan Pablo Rojas López, apodado *El Halcón*, quien controlaba el tráfico de drogas desde la Ciudad de México, apoyado en la logística por Ricardo Tamez Alanís. Rojas López fue detenido el 28 de enero de

2004, con un cargamento de dos toneladas de cocaína. Un dato importante es que desde su detención aceptó ser el operador de Los Mellizos en México y reveló que éstos a su vez trabajaban con las farc para organizar sus cargamentos hacia éste y otros países.

Rojas López había sido agente de la Dirección Federal de Seguridad y desde los años ochenta había trabajado con el cártel de Medellín, encabezado por el fallecido Pablo Escobar. En esos años, el encargado de los envíos de Colombia a México era Miguel Ángel Wellis. Rojas López se retiró del negocio durante cinco años tras la muerte de Escobar y Wellis, según su propia versión.

En 2002 lo volvieron a contactar los hermanos Mejía Múnera. Desde entonces y hasta su detención reconoció haber introducido en Estados Unidos, a través del territorio mexicano, alrededor de 40 toneladas de cocaína provenientes de Colombia. Rojas López trabajaba con el secretario ejecutivo de Los Mellizos, Mauricio Jaramillo Correa, quien a su vez era el enlace de este grupo con las farc.

Según las investigaciones que permitieron la desarticulación de esta organización (misma que se inició a partir de la caída de Rojas López en México), la droga se trasladaba en avionetas o embarcaciones que salían del puerto de Buenaventura, en el Pacífico colombiano, hasta llegar a la altura de Guerrero. Allí se recogía la droga en alta mar, se trasladaba a Acapulco y de ahí al Distrito Federal, donde se depositaba y distribuía a distintos compradores. Si bien parece ser que el principal comprador era el cártel del Golfo, la droga se vendía a distintos grupos según convenios con los proveedores colombianos. De acuerdo con los testimonios, las farc actuaban asociadas con Los Mellizos para esa operación.

La caída de Rojas López y su organización rompió en parte ese esquema y ha sido una de las causas de la violencia que ha estallado entre distintas organizaciones del narcotráfico en México en los últimos tres años. También evidenció las redes que suministraban la droga en Colombia y sus relaciones con las FARC. Por otra parte, gracias a los documentos hallados en las computadoras de *Raúl Reyes*, sabemos que el personaje identificado como *Marcos*, quien negocia drogas con México, es Luis Alberto Albán Urbano —más conocido en nuestro país como Marco León Calarcá—, representante de las FARC en México hasta 2003. Las cartas demuestran que Calarcá mantiene los contactos y la operación con México, incluyendo los relacionados con la venta de drogas.

Durante años, desde las negociaciones de paz que tuvieron lugar en Tlaxcala en los noventa, cuando las delegaciones de las FARC fueron encabezadas por *Raúl Reyes*, dicha organización mantuvo oficinas abiertas en México. Éstas permanecieron abiertas hasta el año 2002, luego de los atentados terroristas del 11 de septiembre, cuando tanto Estados Unidos como la Unión Europea consideraron al grupo como una organización terrorista. La oficina principal estaba ubicada en la colonia Narvarte, de la Ciudad de México (allí vivía el propio Calarcá), pero no era la única. Desde entonces y hasta ahora hay oficinas de las FARC funcionando en la capital de nuestro país (la que se ubica en la UNAM es sólo una de ellas), así como en Monterrey, Texcoco y Toluca. Además, se relaciona desde con el llamado Partido de los Comunistas, una organización marginal con posiciones muy radicales, hasta con el Frente Popular Francisco Villa y con una de sus agrupaciones, los llamados Panteras. Pero lo que no se debe olvidar es que hasta 2002, las FARC, que desde los años ochenta estaban involucradas en secuestros masivos y narcotráfico, eran reconocidas como una fuerza beligerante y formaban parte de la Conferencia Permanente de Partidos Políticos de América Latina (Copppal), a la que pertenecían desde el PRI hasta el PRD. La operación de las FARC en México estaba incluso financiada públicamente por la Copppal.

Poco después de la muerte de *Raúl Reyes*, Georgina Morett entrevistó para el periódico *Milenio* a Gustavo Carvajal, quien quizá fue el político más influyente en la Copppal hasta que ésta dejó de ser un organismo operativo, sobre todo luego de la derrota del PRI en el año 2000. Carvajal fue uno de los hombres claves en la relación con diversas organizaciones armadas en América Latina y con el Partido Comunista de Cuba. Morett le preguntó en esa ocasión a Carvajal por los dirigentes de las FARC. Ésta es la entrevista:

—¿A quién conoce de los líderes vivos?
—A todos.
—¿Quiénes son los duros?
—El más duro es Jorge Briceño, mejor conocido como *Mono Jojoy*.
—¿Y el más negociador?
—*Raúl Reyes*.
—¿Y ahora?
—Creo que Joaquín Gómez, quien quedó en lugar de Raúl, es duro. Alfonso Cano se volvió muy duro después de que tomó el Congreso de Cali. Se han tenido que endurecer para sobrevivir; Josué Cuesta León también. No sé quién vaya a ser el diplomático, puede ser Cano, pero en este momento no creo que haya suaves.

***

Carvajal, vicepresidente de la Conferencia Permanente de Partidos Políticos de América Latina (Copppal), subraya que en este momento no tiene contacto con los líderes de las FARC y rechaza que sus integrantes sean "una bola de campesinos ignorantes", como piensa la gente.

Son personas "preparadas", muchos tienen doctorados y son especialistas en comunicaciones, por lo cual es muy difícil ubicarlos en la selva, sostiene. También expresa sorpresa por la información que fue encontrada en las computadoras decomisadas a *Raúl Reyes* por el ejército de Colombia. "¿Cómo va a tener tres computadoras llenas de información?", se pregunta.

—¿Es el momento más difícil para las FARC?

—Creo que sí, porque entre ellos reina la desconfianza: no saben si el de junto es compañero o si se los quebrarán por la noche. No es fácil esta situación.

—¿Cómo permea en una guerrilla tanta incertidumbre?

—Los siete comandantes son autónomos; ellos se mueven, pero se conocen, no como la Liga 23 de Septiembre, que eran grupos de tres y no se conocían entre sí. Aquí se presentan públicamente los siete, en reuniones, en actos de su ejército. No es un secreto quién es quién, pero ha habido un exceso de confianza.

***

Con dos anécdotas, Gustavo Carvajal ilustra las críticas a las FARC. Cuenta que en una ocasión el presidente Andrés Pastrana le pidió que comunicara a Marulanda (*Tirofijo*) que no secuestrara a más gente. El guerrillero respondió: "¡Sí, cómo no, pero que me mande tres millones de dólares, que es mi presupuesto para dotar de ropa y comida a 25 mil soldados!"

"En otra ocasión me pidieron que informara a Marulanda que no apoyara a los narcotraficantes. Me respondió: 'Yo nunca los he apoyado, nunca; los campesinos siembran lo que quieren. Si siembran maíz les dan tanto, si siembran amapola les dan tanto. Ellos deciden. Luego llegan los narcotraficantes, compran la cosecha y la llevan a sus laboratorios. Sin embargo, cuando la van a sacar (de la selva) llegamos y cobramos impuestos, porque eso ya no se vale'."

—¿Es cierto entonces el vínculo de las FARC con el narcotráfico?

—No sé, no tengo información. En esa época no había nada, pero hoy no sé.

—¿Cuánto pierden las FARC con la muerte de Raúl Reyes?

—Ser el número dos es importante. Contaba mucho su personalidad: era bajito, simpático y conquistador. Yo decía que era encantador de hombres, pero le encantaban las muchachas. Era un hombre que hablaba varios idiomas, se entendía con la gente, era el diplomático, cosa que no tiene Joaquín Gómez, quien no habla más lenguas. Su muerte es una gran pérdida.

—¿El cáncer de Marulanda empeora la situación?

—Así es, ojalá que llegue pronto el acuerdo de paz.

—¿Ve posibilidades?

—Sí, las veo, sobre todo por la presión ejercida internacionalmente.

***

Carvajal tuvo su primer contacto con Marulanda en 1980, cuando la guerrilla del M-19 tomó la embajada de la República Dominicana por 45 días. Como miembro de la Copppal, participó en la negociación para liberar a los rehenes. "Cuando secuestran al candidato a la presidencia Álvaro Robles, nuevamente me piden que intervenga; lo sacamos libre, pero desgraciadamente al mes lo mataron."

El político mexicano comenta que después lo contactó el ex ministro colombiano Álvaro Leyva para invitarlo a participar en las negociaciones de paz encabezadas por la administración de Andrés Pastrana. Leyva propuso una reunión entre Marulanda y el entonces candidato Pastrana. Las fotos del encuentro se publicaron días antes de la elección y Pastrana, quien iba abajo en las encuestas, obtuvo un repunte y triunfó posteriormente por ocho puntos. El largo proceso que vino después culminó sin éxito.

***

Gustavo Carvajal se muestra reservado. Describe a Marulanda como "un hombre bonachón, un campesino bonachón, a quien siempre le gustaba que le llevara su vodka y su coñac. Sin embargo, por momentos se enoja y cuando lo hace manda mensajes: 'Dile a fulano que si no hace esto se olvide ya de todo'. Es un hombre bonachón, pero duro, siempre anda con su frazada en el hombro, porque suda mucho. También le encantan las muchachas. Él decía que era joven, porque el hombre tiene la edad de la mujer con la que duerme. No hablaba mucho; era muy directo y muy concreto. Es un hombre con una inteligencia natural, una gran memoria y una información de primera. Y siempre cumplió su palabra".

Cuando se realizaba esa entrevista, ni Carvajal ni su entrevistadora sabían que *Marulanda* había muerto el 26 de marzo. Lo que sí debía saber Carvajal era que las acusaciones sobre la participación de las FARC en el narcotráfico en México ya eran públicas, por lo menos desde 1997.

Una década después, la relación de las FARC con el narcotráfico continuaba. La muerte de uno de los hermanos Mejía Múrena y la detención del otro, rompió uno de los lazos más importantes que tenían las FARC para la venta de drogas desde la muerte de Tomás Medina y ejerció presión adicional sobre los grupos del narcotráfico en México, porque terminó de cerrar una de sus principales fuentes de aprovisionamiento de cocaína. Según declaró el jefe de la policía colombiana Óscar Naranjo, la relación de las farc con el narcotráfico en nuestro país se está debilitando seriamente por la falta de conductos de comercialización. Esto ha llevado de vuelta a la organización a dedicarse básicamente a la protección de sembradíos y al cobro de impuestos a los distintos narcotraficantes para trabajar y transitar por sus áreas de control; tal como años atrás le decía *Marulanda* a Carvajal que se hacía. Lo cierto es que los golpes a la organización de Los Mellizos, iniciados en México y concluidos en Colombia, son durísimos para las organizaciones criminales de ambos países, y representan un paso más para recortar los recursos de la guerrilla.

Pero para conocer la historia hay que ir mucho más lejos, hasta 1997.

Los Arellano Félix

En noviembre del año 2000, el entonces fiscal antidrogas en nuestro país, Mariano Herrán Salvatti, confirmó la relación entre las farc, la principal organización guerrillera latinoamericana y el cártel de los Arellano Félix, basada en un acuerdo mediante el cual los primeros proporcionaban cocaína y los segundos pagaban la droga con armas.

Un médico colombiano, Carlos Charry Guzmán, llegó a México el 9 de agosto de 2000. Este hombre, que visitaba frecuentemente nuestro país e incluso poseía una FM-3 (permiso de trabajo en México como no inmigrante), era propietario de una clínica en San Vicente del Caguán, uno de los principales bastiones guerrilleros en Colombia y el lugar donde se realizaban las negociaciones entre el gobierno colombiano y las farc. Dicho sitio, llamado "Zona de Despegue", comprende un territorio mayor que el de Suiza; en él se realizaron durante tres años las infructuosas negociaciones entre el gobierno de Andrés Pastrana y las FARC.

El 28 de agosto del mismo año, Charry fue detenido en el hotel Jena, en la colonia Tabacalera de la Ciudad de México. Poco antes había sido arrestado en Tijuana un operador colombiano del cártel de los Arellano Félix, un hombre apodado *Giovanni*. Resulta que Charry y *Giovanni* se habían reunido apenas unos días antes y habían negociado el convenio del trueque de armas por drogas.

Según la fiscalía antidrogas de México, Carlos Charry era un mensajero de Jorge Briceño, *El Mono Jojoy*, con la encomienda de organizar el intercambio. Briceño se convirtió desde fines de los años ochenta en el principal operador para el tráfico de drogas y armas de las FARC y, actualmente, es quien tiene en su poder a la mayoría de los rehenes secuestrados por la organización y quien disputa el control de las FARC al sucesor de *Manuel Marulanda*, Alfonso Cano. Pero en el 2000, *El Mono Jojoy* estaba ocupado en otras cosas.

Como carta de presentación para sus contactos mexicanos, Charry traía un disco láser en el cual se lo veía en San Vicente del Caguán acompañado de *El Mono Jojoy*. El enlace para la relación con Tijuana era el senador colombiano Vicente Blel Saad. Además, en la documentación incautada al jefe operativo del cártel de Tijuana, Ismael *El Mayel* Higuera, cuando fue detenido,[2] se reveló que la relación con Charry se mantenía desde varios años atrás;

---

[2] En el momento en que *El Mayel* fue arrestado, por cierto, estaba acompañado de dos mujeres colombianas que fueron seguidas desde su llegada a México y que finalmente llevaron a descubrir el paradero del traficante en Ensenada. Actualmente, Higuera está detenido en Estados Unidos, ya que fue deportado a ese país por el gobierno de México.

la diferencia era que, hasta ese momento, los Arellano Félix pagaban la droga con dinero.

Con la documentación que se incautó a *El Mayel* al momento de su detención, se descubrió que su importancia era doble y había crecido en los últimos tiempos: ya se sabía que era el principal encargado del transporte de cocaína desde Colombia a la península y de su introducción en Estados Unidos, pero con su detención también se descubrió que él y Charry eran el enlace de los Arellano Félix con las FARC. Las visitas del médico a nuestro país, incluso sus reuniones en prisión con *El Mayel*, se remontaban por lo menos a 1998, y según los organismos de inteligencia los acuerdos habían comenzado desde el año anterior. Además, se detectaron por lo menos otros tres encuentros de Charry con *Giovanni* y una visita del médico a la cárcel de máxima seguridad en Tijuana, donde estaba recluido *El Mayel*.

¿Cómo se descubrió esta red? La clave fue un personaje apodado *El Primo*, que según las autoridades mexicanas era uno de los principales operadores de los Arellano Félix, y el seguimiento de un número telefónico.[3] La investigación llevó también a la detención del ex director general de la Policía Federal de Caminos, Enrique Harari Garduño, encargado de conseguir las armas en Estados Unidos para hacerlas llegar a Colombia.

Todo comenzó con la declaración de un testigo protegido apodado *Raúl*, quien aseguró que había apoyado a *El Mayel* en el traslado de cocaína de Colombia a México y en el lavado de dinero en ambos países. Un primer hilo de la trama surge de una afirmación de este testigo protegido, según la cual *Giovanni* recibió un millón de dólares

---

[3] Una amplia crónica de esa investigación se encuentra en mi libro *El otro poder*, México, Aguilar Nuevo Siglo, 2001.

de *El Mayel* como pago de un cargamento, mismo que se robó cuando aquel fue detenido. Para tratar de recuperar el dinero, el ya mencionado senador colombiano Vicente Blel Saad fue enviado a México. Según la declaración actuaba como intermediario para el lavado de dinero. El senador, según el mismo testigo, había sido enviado a México por un individuo apodado *El Doctor*, ligado a las FARC. El testigo también dijo que *El Mayel* y *El Doctor* tuvieron diversas reuniones en Tijuana en las que participaba el representante del cártel de Tijuana en Colombia, apodado *José*. El mismo *Raúl* fue el primero que mencionó a quien sería el representante del cártel de los Arellano Félix en el Distrito Federal: sólo sabía que lo apodaban *El Primo* y que se comunicaban con él mediante un localizador con el número 8017090.

Otro testigo protegido, identificado como *Juan López*, también aseguró que *El Primo* participaba en el tráfico de cocaína desde Colombia para el cártel de Tijuana, además de tomar parte en actividades de lavado de dinero. Él aseguró haberlo conocido mediante esa actividad, y lo señaló como el responsable de ejecutar a los adversarios de *El Mayel* en el Distrito Federal y de enviar dinero a los colombianos para pagar la cocaína recibida. Dijo que se comunicaba con ese hombre mediante un localizador con el número 8017090. Ese número estaba asentado en la agenda que se le decomisó al testigo en el momento de su detención.

Alrededor de la misma fecha fue arrestado asimismo el ex comandante de la Policía Federal de Caminos, Harari Garduño. Entre sus propiedades se encontró una tarjeta en clave con el nombre *Primo* y un número telefónico: el mismo 8017090. El papel de Harari en este acuerdo era fundamental: él era el responsable de proporcionar las armas para pagar el intercambio por la cocaína enviada por las FARC. Las relaciones de Harari con los traficantes de armas era antigua, hacía años había sido detenido en San Diego y procesado por traficar con armas. En aquella ocasión hubo gestiones oficiales del gobierno mexicano para que el proceso no prosperara, y Harari continuó su carrera en la Policía Federal de Caminos.

Casi al mismo tiempo que detenían a Harari, también detenían en el hotel Jena a *El Doctor* Charry Guzmán, quien aceptó haber estado en Tijuana en diciembre de 1999, cuando, según *Raúl,* se habría reunido con *El Mayel* para negociar el acuerdo. La FM-3 de Charry confirma esa entrada a México y ese viaje a Tijuana. Por su parte, *El Doctor* afirmaba en su declaración que había venido a México a comprar equipo para tomografías computarizadas que, según él, sólo se comercializaban en Tijuana; las investigaciones posteriores permitieron confirmar que en esa ciudad fronteriza no existe ninguna empresa especializada en equipo de esa clase. En la agenda de Charry vuelve aparecer el nombre de Primo y el teléfono 8017090.

Por medio de la compañía telefónica pudieron investigarse los mensajes que había recibido ese número. Varios de ellos confirmaban "la llegada de José y *El Doctor*" y pedían confirmación a distintos teléfonos celulares. Otro mensaje confirma que *"El Doctor* no pudo partir por problemas con la visa". Uno más aseguraba que "el problema ya está solucionado" y confirmaba el viaje, y la llegada de *El Doctor.*

Entre las pertenencias de Charry se encontró documentación que involucra al *Mono Jojoy,* al senador Blel y al citado *Giovanni,* además de anotaciones sobre envíos de droga por aire y mar. Gracias al mismo operativo se terminó deteniendo a una pieza muy importante de esa red: Sergio Rodríguez Tapia, apodado *La Gorda de Manzanillo*, quien también tenía registrado en su agenda el mentado número telefónico.

¿Cómo funcionaba esa red? Todo indica que quien la manejaba en México era *El Mayel* y que, tras su detención, la siguió manejando *El Primo*. Harari era el responsable, según la investigación oficial, de conseguir las armas para el canje por drogas, mientras que Rodríguez Tapia recibía los embarques marítimos y se encargaba de enviar las armas hacia Colombia. Del lado colombiano, *El Mono Jojoy* se encargaba de los envíos de droga y la recepción de las armas; el doctor Charry operaba los enlaces con el cártel mexicano, y el senador Vicente Blal Saad realizaba el lavado de dinero.

El caso de este senador, detenido finalmente hace un par de años, demuestra notoriamente el grado de penetración del narcotráfico y las FARC en la política colombiana. En octubre de 2005 se supo que el narcotraficante Víctor Patiño Fómeque y su madre, Deisy, habían confesado a la justicia estadounidense que Vicente Blel Saad había sido su testaferro desde principios de 1990. "Tengo una isla cerca de Barú en San Bernardo del Viento que se conoce como Tres Techos. Está a nombre de una persona que me ha servido de testaferro desde 1990", dijo Patiño a la DEA durante uno de sus interrogatorios en Nueva York. Luego, en Florida, fue interrogada su madre Deisy Fómeque, quien aseguró: "La isla se llama El Islote y todo el mundo la conoce como Tres Techos. Toca llegar a Cartagena y allí coger lancha. De eso no se tiene escritura porque el gobierno la vende por cierto tiempo. A Vicente se le puso a su nombre el lote, pero Víctor fue el que construyó. Vicente sirvió de testaferro". Patiño entregó además un documento que probaría una "vieja deuda" de 800 mil dólares que el congresista del partido liberal tenía con Patiño: un depósito bancario de dinero en efectivo en su cuenta personal, y la lista de 34 cheques pagados a políticos y a intermediarios que a su vez depositaban los fondos en cuentas personales de aquéllos. Los pagos ocurrieron entre 1994 y 1995.

En uno de esos depósitos bancarios en efectivo aparece como beneficiario el senador Vicente Blel Saad (un cacique de la política en Cartagena y en Bolívar), quien reconoció en una entrevista con *El Nuevo Herald*, de Miami, que el pago pudo haber venido de Patiño, pero en una época (1993 a 1994) en la que el narcotraficante se presentó con el nombre de *Julio Gómez* y se identificó como un empresario del departamento del Valle dispuesto a colaborar con la campaña presidencial de Ernesto Samper Pizano. "Tanto el candidato como su compañero de partido, Horacio Serpa Uribe, conocieron a Patiño bajo la identidad de *Julio Gómez*", declaró Blel al *Herald*. "Si de pronto aparece algo, pudo ser en esa época, hace tantos años. De ese tipo de favores que le dicen a uno 'págueme usted, que después nosotros le pagamos' […] en Estados Unidos la política se hace con votos, aquí en Colombia se hace con favores."

El senador dijo también al *Herald* que se había enterado de la verdadera identidad del narcotraficante en 1995, cuando éste se entregó a las autoridades colombianas. Blel, médico de profesión, explicó que hizo varios favores a Patiño en la época en que se identificaba como Gómez:

En una ocasión intercedí ante las autoridades de Cartagena para que pusieran en libertad a unos escoltas de Patiño que habían sido arrestados por no tener un permiso especial de porte de armas que se requiere durante el reinado de belleza de esa ciudad. En otra oportunidad le di una mano para que un futbolista amigo suyo fuera contratado en el equipo Cóndor, propiedad de César Villegas, un dirigente deportivo asesinado y quien tuvo tratos con el cártel de Cali. También le ayudé en varias ocasiones a buscar médicos para familiares y amigos.

Blel sostuvo que, más allá de esas colaboraciones, no tuvo ningún negocio legítimo ni ilegítimo con Patiño. Supuestamente, Patiño había sido presentado a la campaña presidencial de Samper por el abogado Ignacio Londoño Zabala, más conocido como *Nacho* o *La Gorda*, y que ha sido señalado por la familia de Patiño Fómeque como intermediario para el pago de políticos y el soborno de fiscales. Este es un fragmento de la declaración de Deysi Fómeque a los fiscales colombianos que la interrogaron en Miami:

> Muchas de las propiedades que se encuentran actualmente a nombre de Ignacio le pertenecen a mi hijo Víctor. Él era el encargado de manejar las relaciones públicas de mis hijos Víctor y Luis Alfonso con los políticos. Más de mil millones de pesos fueron girados a nombre de él y de su esposa, María Isabel Henao, conocida como *Maritza*, y a nombre de su madre, Jesusa Zabala, para manejar la corrupción tanto a nivel político como de la rama judicial alrededor del país. Tengo copia de los cheques girados a él y a su familia. […] Tuve conocimiento inclusive de que el doctor Londoño fue vinculado por homicidio en Cali y fue absuelto por la Fiscalía. Después de esto fue a mi casa a almorzar y le pregunté cómo le había ido y me dijo, palabras textuales: "Yo soy el rey de la corrupción en Colombia en todos los niveles".

Bleel Saad afirmó al mismo periódico, *El Nuevo Herald*, que no tenía vínculos con ninguna organización al margen de la ley, que no conocía a los hermanos Arellano Félix, y que nunca había estado en Tijuana ni en zona guerrillera. Desde 2007 se le libró una orden de captura, y en abril de 2008 fue detenido por su relación con diversos grupos del narcotráfico, incluidos los grupos paramilitares de la UAC.

***

Ya en el 2001, a comienzos de la gestión presidencial de Vicente Fox, estaba abierta una oficina de las FARC en México, y la administración federal hacia de intermediaria entre esa organización y el gobierno de Colombia. El entonces encargado de la Fiscalía Especializada de Atención a Delitos contra la salud, José Luis Santiago Vasconcelos, confirmó que existía algo más que un intento de relación entre el cártel de Tijuana y las FARC. Luego de una exhaustiva investigación que concluyó con la detención de seis miembros de una célula de los Arellano Félix que controlaba los mercados de la Ciudad de México y Guadalajara, se confirmó que dichas organizaciones habían llegado ya a acuerdos concretos, y que los Arellano habían enviado dinero a Colombia, mientras que la guerrilla colombiana había hecho llegar a México un primer "pequeño" cargamento de 800 kilogramos de cocaína pura que fue recibido por los narcotraficantes mexicanos.

Eso se confirmó con la detención de Rigoberto Yánez Guerrero, a quien ya hemos mencionado por su alias, *El Primo*, y que tenía, en efecto, esa relación familiar con Ismael Higuera *El Mayel* y era buscado desde la detención de Charry. La caída de éste y los otros operadores puso un alto a dichas negociaciones; según la fiscalía antidrogas de

México, Yánez había comenzado a establecer nuevas relaciones con otros narcotraficantes colombianos para reanudar los envíos de cocaína a México.

Según se confirmó, la droga salía de Colombia en parte por avión, pero sobre todo por barco, hacia el Pacífico, y llegaba a México por diferentes caminos: una parte se quedaba en Guatemala, cerca de la frontera con Chiapas, e ingresaba por tierra a nuestro país. Otra subía hasta Michoacán o Colima, desde donde se trasladaba por tierra hacia la frontera norte. Una cantidad importante entraba en Estados Unidos por tierra, pero también se descubrió (como en su momento pudimos comprobarlo en toda la zona del llamado Triángulo de Oro, donde confluyen los estados de Sinaloa, Durango y Chihuahua, o en Sonora) que se utilizaban avionetas para dar literalmente saltos en la frontera, con vuelos muy cortos y a muy baja altura, imposibles de detectar por radar en zonas de baja densidad demográfica. Las armas regresaban a Colombia por vías similares, pero haciendo el recorrido inverso. Hasta ahora no ha habido cambios notables en todo este sistema de operación y tráfico de drogas y armas.

OTRAS RELACIONES PELIGROSAS

El 17 de diciembre de 1999 fue allanado en Bogotá el domicilio de un lavador de dinero llamado Óscar Fernando Cuevas Cepeda, hijo de una familia prestigiada, director de la revista *Latinoamérica Internacional,* que se ostentaba como corresponsal en Colombia del *New York Times.* Ahí se encontraron documentos que lo ligaban con las FARC y lo mostraban como testigo contra el ex dictador panameño Manuel Noriega, además de fotos en las que aparecía retratado con su amigo el ex presidente argentino Carlos Menem.

Según el semanario colombiano *Cambio*, cuando la policía registró el departamento también encontró fotos de los principales dirigentes de las farc, tomadas por el propio Cuevas Cepeda. En varias de ellas se veía a un joven vestido de civil abrazando a *El Mono Jojoy* y a otro comandante de las farc de nombre Romaña, junto a un maletín repleto de billetes. Un año después, los investigadores recordaron esas fotos cuando se reveló el papel que tenía Carlos Ariel Charry como contacto entre las farc y el cártel de los Arellano Félix: él era el joven que posaba en aquellas fotos.

Las mismas investigaciones del semanario colombiano permitieron comprobar la relación entre Cuevas y Charry. Cuevas era un asiduo visitante de la región de San Vicente del Caguán y se había dedicado a dar a las farc asesoría financiera. Su primer contacto no había sido en ese carácter, sino como corresponsal del *New York Times*; ya en confianza, comenzó a llevar a los líderes guerrilleros estudios sobre cómo lavar su dinero. Para ello contaba con varias empresas ficticias con las que podía ayudar al proceso.

El Mono Jojoy se hizo cargo de la relación y fue quien contactó a Cuevas con Charry. *El Doctor*, según las fuentes colombianas, quedaría a cargo de la operación y los contactos en México, mientras que Cuevas manejaría el dinero proveniente de las operaciones relacionadas con el cártel de Tijuana. Según nuestras propias investigaciones, debe haber sido Cuevas quien recibió los recursos enviados por los Arellano Félix para solventar el primer embarque de droga que las farc hicieron llegar a los integrantes del cártel de Tijuana, a través de Manzanillo, mientras se preparaba el trueque por armas que tendría que organizar Enrique Harari.

No era la primera vez que Cuevas estaba relacionado con este tipo de negocios: ya había sido señalado desde los años noventa como lavador de dinero del cártel de Cali. Según esas mismas fuentes relacionadas con la DEA, Cuevas le propuso a Charry nuevas rutas para hacer llegar la cocaína a México. Lo cierto es que cuando Charry fue detenido en México (en agosto de 2000), Cuevas ya había sido arrestado en Colombia. El 6 de abril de 2000, mientras se instruía su proceso y estaba bajo un régimen de libertad vigilada, Cuevas fue secuestrado y no se ha vuelto a saber de su paradero.

Pero sí se han sabido muchas más cosas sobre este personaje. Por ejemplo, que asistió, como invitado, a la toma de posesión de Andrés Pastrana, pese a que el periódico *La Prensa*, propiedad de la familia del actual presidente colombiano, había denunciado desde 1994 su relación con el cártel de Cali. Eso no impidió que se moviera en los más altos círculos del poder durante los cinco años siguientes, utilizando, normalmente, su fachada de periodista y editor.

Una de las relaciones más importantes de este hombre fue la que sostuvo con el entonces presidente argentino Carlos Menem, colaborador habitual de su revista y, según la familia de Cuevas, un amigo cercano suyo. Los mismos familiares aseguran que Menem y los principales miembros de su gabinete se alojaban en su casa cuando llegaban a Colombia. No deja de ser notable que varios de los principales hombres del entorno de Menem hayan sido acusados de lavado de dinero, que la familia de Pablo Escobar se asentara en Argentina y que el propio Amado Carrillo Fuentes, entonces jefe del cártel de Juárez, haya contribuido, en esos años, a la campaña de Eduardo Duhalde (quien había sido vicepresidente de Menem) y Ramón *Palito* Ortega a la presidencia y vicepresidencia de ese país.

Pero la desaparición de Cuevas y la detención de Charry no detuvieron automáticamente los negocios y la búsqueda de acuerdos entre las FARC y el cártel de los Arellano Félix. Un mes después de su detención en la Ciudad de México, Charry envió a Julio García Espinoza una carta manuscrita en la que establecía precios y comisiones para continuar los negocios en Tijuana. Su texto es el siguiente:

Respetado licenciado, voy a manifestarle de forma objetiva lo previamente acordado, así:

El portador de este mensaje le entregará los 30 acordados para el desarrollo del programa ya hablado.

Otro portador(a) muy posiblemente en estos días le entregará 100 veces más del valor anterior para que a través de su conducto sea llevado al sitio de origen del programa hablado en el primer punto, por un valor que nosotros personalmente habíamos acordado por 8 y que yo cobro a la compañía por 12 (para que de esa forma quede un excedente a favor mío de cuatro por ciento) y que usted me lo entregaría en su sitio final.

Tuve un inconveniente que actualmente se está aclarando y para lo cual necesito que le colabore al portador de este mensaje en la consecución de recibos hoteleros a mi nombre, y en las fechas respectivas (ojalá que sean hoteles sistematizados en Guadalajara para que de esta forma cuando entren a chequear se evidencie positivamente) que él le informará respectivamente los nombres y/o nombre del (los) hoteles, a nombre mío y fecha respectiva.

Postdata: estamos en lo hablado y favor como sugerencia es tener mucho cuidado (usted sabe su oficio).

De lo que se trata en el primer párrafo es de continuar con los negocios, los envíos y recepciones de drogas y recursos. El "inconveniente" del que se habla en el segundo es la propia detención de Charry, quien necesita recibos de hotel para tener una coartada que le permita romper la acusación de que entre el 20 y el 23 de diciembre de 1999 se había reunido en Tijuana con Ismael Higuera para establecer los acuerdos. Mientras todo eso ocurría, el gobierno de México, pese a toda esta evidencia, mantenía a las FARC oficialmente en México y negociaba con ellas acuerdos de paz.

FOX, PASTRANA Y LOS ACUERDOS DE PAZ

La relación entre los presidentes Vicente Fox y Andrés Pastrana era sólida y antigua, y se profundizó desde el momento en que Fox fue declarado presidente electo, con la abierta intención de establecer un eje político que incluyera a México y Colombia. Pero el contacto entre ambos países era clave para un asunto que los dos países han debido confrontar siempre con Estados Unidos: el narcotráfico.

La preocupación por una posible intervención estadounidense y por las evidentes relaciones que existían entre los cárteles colombianos y mexicanos acercaron aún más a Fox y Pastrana, y los llevó a organizar un mecanismo a través del cual México pudiera actuar como intermediario con las FARC para facilitar el diálogo de paz, que ya desde entonces estaba estancado. Para México, la situación era difícil de manejar, porque se habían hecho manifiestas las relaciones de las FARC —o al menos con el sector de ellas comandado por *El Mono Jojoy*, Jorge Briceño— con el cártel de Tijuana. Sin embargo, después de la visita de Pastrana para la toma de posesión de Fox, y ante el deterioro de la situación en Colombia, el gobierno mexicano decidió hacer un esfuerzo adicional para retomar el contacto. Ello se logró con el establecimiento de nuevas reglas del juego que permitieran la permanencia de una representación de las FARC en México y con la exigencia de establecer un canal de comunicación directo con la comandancia de ese grupo guerrillero, específicamente con *Manuel Marulanda*.

El gobierno mexicano terminó por involucrarse como interlocutor en el proceso de pacificación con las FARC. Incluso el embajador Andrés Rozenthal, encargado de misiones especiales en la cancillería mexicana, se entrevistó con *Manuel Marulanda*. Según la información de Radio Caracol, de Colombia, el encuentro tuvo como fin dialogar sobre una eventual verificación internacional, en la que participaría México, para el intercambio de guerrilleros detenidos por los secuestrados por la guerrilla colombiana (entonces los rehenes eran alrededor de dos mil, se encontraba entre ellos Ingrid Betancourt). Otro de los objetivos era establecer compromisos concretos relacionados con la legalidad en la que se moverían los representantes de las FARC en México y con la ruptura de los lazos que pudiera tener esa organización armada con el narcotráfico en México. La visita de Rozenthal no sería más que un paso en la búsqueda del apoyo para las negociaciones de paz que el gobierno mexicano había ofrecido al colombiano.

Sin embargo, al desempeñar ese papel, la administración Fox tuvo que aceptar darle un perfil muy bajo a la investigación de la relación de las FARC con los Arellano Félix, a pesar de que se habían confirmado dichos contactos e incluso un envío de cocaína. Incluso el gobierno mexicano fue más allá: redimensionó a la oficina de las FARC en México y hasta gestionó documentación legal para los integrantes de esa oficina financiada por la Coppal en nuestro país. A cambio de la documentación, se estableció el compromiso de que si se descubrían contactos de la organización con grupos de narcotraficantes en México, se romperían las relaciones con ella.

Para negociar con las FARC, el gobierno de Andrés Pastrana aceptó que se estableciera una zona de exclusión (la llamó "Zona de despeje"), un territorio liberado de 42 mil kilómetros cuadrados al sur de Colombia, en torno a San Vicente del Caguán, que correspondía al área de operación de las FARC. El punto central del acuerdo era que, en caso de que se rompieran las negociaciones de paz, las FARC tendrían que abandonar la zona de exclusión establecida. Lo cierto es que las FARC no mostraron voluntad política para negociar, las opciones militares crecieron y la negociación fracasó. Pero durante esos tres años las FARC fortalecieron su relación con el narcotráfico.

Un ejemplo lo proporciona una grabación que la Seguridad Nacional de Colombia encontró en un campamento de las FARC en agosto del año 2000. En ella se escucha cómo *El Mono Jojoy* asegura que no se avanzaría en las negociaciones de paz y que consideraban la zona de distensión como una zona liberada que protegerían con las armas, para lo cual se estaban preparando desde hacía año y medio. En esa cinta, dirigida a los militantes, Briceño aseguraba:

[...] lo que ustedes tienen que tener claro es que aquí va a haber una guerra prolongada, con 10, 20, con mil, con dos mil guerrilleros, con los que sean. Con minas, trampas, tiros, con morteros, con el armamento que sea [...] esta zona no se puede perder, hay que venderle al enemigo bien cara toda la infraestructura que hay. Ellos pueden coger esta zona un tiempo, pero no pueden vivir aquí. Se quedan, dejamos a una tropa peleando y nos vamos a combatir a las ciudades [...] nosotros no negociamos, sólo hablamos con los gobiernos transitorios que haya, hablamos con éste y seguramente vendrán otros y entonces queda claro que nosotros no vamos a pactar ninguna paz, porque no existe.

Lo cierto es que las fotografías de satélite tomadas en aquel entonces de la zona de "distensión" muestran que se habían construido grandes fortificaciones de concreto que funcionaban como refugios antiaéreos, así como rampas de lanzamiento de cohetes (incluyendo misiles antiaéreos) y trincheras a lo largo de decenas de kilómetros.

Ante ello, no resultó extraño que el gobierno estadounidense considerara oficialmente a los grupos armados de Colombia como uno de los principales bastiones de intercambio entre organizaciones que calificaba de terroristas y de narcotraficantes, y eso, antes del 11 de septiembre de 2001. Por ejemplo, el 13 de diciembre de 2000, aún bajo el gobierno de Bill Clinton, Michael Sheehan, coordinador de Acción Antiterrorista en el Departamento de Estado, dijo esto al declarar ante la Subcomisión del Crimen de la Cámara de Representantes:

Los narcotraficantes y los productores de drogas son criminales internacionales y buscan rincones del mundo donde su comportamiento no estará sujeto al control o castigo del gobierno […] no es sorprendente que haya a menudo una superposición entre los que participan en el terrorismo y los que participan en otra actividad internacional [como el tráfico de drogas] también inaceptable.

En la misma sesión de la Cámara de Representantes, Donnie Marshall, entonces administrador de la DEA (quien sería reemplazado sorpresivamente por George W. Bush en abril de 2001), dijo que en Colombia se producía 70 por ciento de la cocaína mundial, que en ese tráfico se centraba la relación entre las drogas y el terrorismo, y que

Atacar a las organizaciones colombianas debe ser el elemento central de cualquier estrategia coordinada que apunte a la unión del crimen organizado, las drogas y el terrorismo [… los traficantes] controlan la manufactura de la mayoría de la cocaína en América del Sur y sus huellas dactilares están, virtualmente, en cada kilogramo de cocaína que se vende en ciudades y pueblos de Estados Unidos. […] [Esos grupos] transfieren a los grupos mexicanos del crimen organizado más y más de sus operaciones en Estados Unidos.

Ya fuera de su responsabilidad como zar antidrogas de la Casa Blanca, el genera Barry McCaffrey fue interrogado a fines de febrero de 2001 por la revista colombiana *Semana*, sobre la relación de las FARC con el cártel de los Arellano Félix. McCaffrey, quien estuvo cinco años a cargo de la lucha antidrogas estadounidense, dijo:

Siempre nos planteamos el debate en estos términos: ¿son las FARC una organización criminal en el sentido de que están

vendiendo cocaína en Nueva York? No. ¿Están las FARC promoviendo el crecimiento de los cultivos de coca? Sí. ¿Están
las FARC financiándose con el dinero que viene de la droga?
Sí. Protegen los cultivos, ponen impuestos a los laboratorios,
impuestos a los químicos y el transporte por agua. Ahora los
mexicanos alegan, y yo les creo, que las FARC tienen un representante en México coordinando negocios de narcotráfico
[…] no hay ninguna duda de que tanto las FARC como las AUC
[el grupo paramilitar Autodefensas Unidas de Colombia] están
peleando por el dinero de las drogas más que nada […] tenemos
evidencia continua de que tanto las FARC como las AUC tienen
relación con negocios de la droga. Ambas organizaciones promue-
ven los cultivos y los laboratorios a los que cobran impuestos. La
única diferencia es que las AUC cobran menos que las FARC.

Después de un tiempo, el diálogo de paz se rompió definitivamente. En 2002, Andrés Pastrana anunció el fin del
proceso de paz que había intentado con las FARC, luego de
que éstas decidieron secuestrar un avión, hacerlo aterrizar
en una carretera, llevarse de él a un legislador que era el
responsable en el Congreso colombiano de la vigilancia de
la propia negociación de paz y sumarlo, así, a la lista de secuestrados por la guerrilla. Además, Pastrana aceptó y ra-
tificó la creciente participación de la mayoría de los casi
60 frentes militares de las FARC en el narcotráfico.

Sin embargo, hasta 2002, es decir, hasta que las FARC
fueron declaradas públicamente como una organización
terrorista por Estados Unidos y la Unión Europea, e incluso
después de que se había comprobado la relación de uno de sus
principales frentes con el cártel de Tijuana, seguían abiertas, con estatus oficial, cuatro oficinas de las FARC en México. El cierre formal de las oficinas de ese grupo en México se

combinó con la apertura de una serie de sedes informales que han aparecido de la mano con los círculos bolivarianos en muchos lugares, desde la UNAM hasta el IPN, desde la UAM hasta la Universidad de Guerrero. Esas oficinas fueron impulsadas por grupos ligados al EPR, por alas muy radicales del perredismo, o por los rescoldos de lo que fue el CGH, luego de la huelga de la UNAM en el 2000.

VLADIMIRO MONTESINOS

Mucho antes de que se descubrieran los documentos en las computadoras de Raúl Reyes, los contactos internacionales de las FARC resultaron mucho más extensos de lo que se suponía, tanto por parte de los Arellano Félix, como del propio grupo guerrillero. Uno de los personajes involucrados es Vladimiro Montesinos, el hombre que estuvo detrás del trono de Alberto Fujimori durante su largo gobierno en Perú, manejando los aparatos de inteligencia y espionaje, de represión y tortura, de corrupción y coerción. Montesinos fue detenido en Venezuela —la gente del presidente Hugo Chávez le había proporcionado protección—, debido a una investigación del FBI estadounidense, lo que no deja de ser irónico, ya que el propio Montesinos había sido durante largos años espía de la CIA en su país y se había encargado de la persecución de la oposición de izquierda y de grupos terroristas como Sendero Luminoso.

Montesinos estuvo detrás de innumerables historias oscuras en Perú y de las relaciones de negocios que se hicieron al amparo del poder en distintas naciones sudamericanas. Incluso hay constancia de las relaciones que estableció para la venta de armas y drogas con sectores colombianos, sobre todo de las FARC y el ELN, pero también con los paramilitares. Se han descubierto también contactos suyos en Bolivia, Brasil y evidentemente, en Panamá y Venezuela, donde residió tras su fuga.

Vladimiro Montesinos también estuvo en contacto con México, aunque al respecto hay testimonios muy diferentes y controvertidos. Ahora sabemos que mientras él buscaba contactos oficiales con México, también desarrollaba otros, más lucrativos, con el narcotráfico mexicano. El fiscal especial peruano para el caso Montesinos, Alejandro Espino Méndez, reveló la existencia de lazos entre Montesinos y el cártel de Tijuana. Diversos narcotraficantes detenidos proporcionaron testimonios sobre esos contactos realizados a través de Colombia, lo cual no resulta para nada descabellado si se consideran las relaciones que los propios Arellano Félix, por una parte, y Montesinos, por la otra, tenían con organizaciones guerrilleras y narcotraficantes de ese país. Montesinos fue uno de los principales proveedores de armas a las FARC.

De acuerdo con la Dirección Nacional Antidrogas de Perú, los representantes de los Arellano Félix en Perú eran el colombiano Omar Penagos Rodríguez, conocido como *Larry*, y el mexicano Agustín Vázquez Mendoza, alias *Shantal* o *Hades*. Según la información proporcionada por el fiscal especial para este caso, Penagos y Vázquez se entrevistaban con Montesinos en las propias oficinas del servicio de inteligencia nacional. Los contactos no eran nuevos: las primeras reuniones se realizaron en 1998, en el Club Regatas, y concluyeron con el envío de tres toneladas de cocaína provenientes de Perú y entregadas en el puerto de Tampico, en Tamaulipas.

Una informante protegida de la DEA llamada Elizabeth Rosales Linares, que en esas fechas mantenía una relación amorosa con Penagos, declaró que *Larry* le había informado personalmente del acuerdo, que el precio para colocar la droga en Lima había sido de tres mil dólares por kilo, y que los Arellano se habían encargado del traslado a México. Asimismo, declaró ante el fiscal especial peruano, que ella había acompañado a Penagos, en noviembre de 1998, a una reunión con Montesinos en el cuartel general del ejército peruano, en compañía del abogado peruano Javier Corroncho Patrón. Ella dice haber esperado a Penagos en el primer piso del edificio, mientras el abogado y Penagos le llevaban un maletín con un millón de dólares a Montesinos. En contrapartida, Montesinos regaló al representante de los Arellano Félix una pistola plateada, de nueve milímetros, con silenciador.

Lo que buscaban las autoridades peruanas y mexicanas era un patrón en la relación entre Montesinos y los Arellano Félix. Ese patrón pasaba por los propios contactos del ex jefe de inteligencia con los grupos armados y con los narcotraficantes de Colombia, que convirtieron a Ecuador y Perú, naciones con un amplio cultivo de hoja de coca, en plataforma para sus operaciones cuando se acrecentó la presión en su contra en su propio país.

Viejas historias

La relación entre los narcotraficantes colombianos y mexicanos es antigua; su participación en operaciones políticas oscuras, también. En los años ochenta, unos y otros fueron utilizados por fuerzas de inteligencia de Estados Unidos para la operación Irán-Contras, cuyo objetivo era

aprovisionar de armas a La Contra nicaragüense. Los narcotraficantes colombianos, ligados entonces al cártel de Medellín de Pablo Escobar, pagaban en Estados Unidos las armas
que llegaban a México. Los cárteles mexicanos, encabeza-
dos entonces por Miguel Ángel Félix Gallardo, las enviaban
a Honduras, donde las recibía un hombre de Escobar, Juan Matta Ballesteros; ahí se concentraba también la cocaína que
llegaba de Colombia, traída de regreso a México en los mismos aviones que llevaban las armas. Desde México, la droga
era introducida en Estados Unidos, que era precisamente de
donde provenía la mayoría de las armas.

El esquema funcionó durante un buen tiempo y, como se comprobó en las investigaciones derivadas del asesinato del agente de la dea, Enrique Camarena, ocurrido
en 1985 en Guadalajara, estuvieron involucradas en él
distintas agencias de inteligencia. A ese tipo de actividades
se debió también la participación de muchos ex agentes de
la Dirección Federal de Seguridad en el narcotráfico, y
presumiblemente también la protección de sectores de
inteligencia y seguridad estadounidenses con la que con-
taban diversos cárteles, entre ellos el de los Arellano Félix
(sobre todo en el sur de California, donde la familia residió durante décadas).

La asociación de narcotraficantes con miembros de
cuerpos de seguridad pública y nacional no es nueva: tiene por lo menos una historia de 15 años que inició cuando se produjeron la explosión del consumo de cocaína en
Estados Unidos y la consolidación de los cárteles del narcotráfico en América Latina, en asociación con grupos de
poder de esos países.

La operación más ambiciosa realizada por el gobierno
estadounidense en los últimos años de la guerra fría fue el

aprovisionamiento de armas a La Contra nicaragüense. La decisión había sido tomada por Ronald Reagan el 1º de diciembre de 1981, a través de una orden secreta que autorizaba a la CIA poner en marcha un plan de ayuda militar a los contrarrevolucionarios de Nicaragua para que derrocaran al entonces naciente gobierno del Frente Sandinista de Liberación Nacional. El problema fue que el Congreso sólo concedió al grupo de tareas 19.9 millones de dólares anuales para cumplir con esa misión. Para compensarlo, Reagan firmó otras dos directivas de seguridad nacional que echaron a andar, en forma encubierta, el capítulo más oscuro de esta historia.

El jefe de la operación, según las directivas, que ya se han hecho públicas, era el entonces vicepresidente George H. W. Bush, quien ya había sido director de la CIA. Inmediatamente por debajo de él estaba su consejero de Seguridad Nacional, Donald Greeg, a cuyas órdenes se encontraba el teniente coronel Oliver North. El resto de la red la formaban los dirigentes de la Contra: Adolfo Calero y, en Honduras, su jefe militar, el coronel Enrique Bermúdez. Eso era lo público: después se supo, merced a una investigación del *San José Mercury*, que la parte encubierta de la operación estaba encabezada por un tal Juan Meneses, conocido en Managua desde los años setenta como el rey de la droga, quien acordaba directamente con Oliver North y se ostentaba como "jefe de inteligencia y seguridad" de La Contra en California. La DEA tenía en 1984 nada menos que 45 procesos contra Meneses, pero nunca fue detenido ni enjuiciado por ellos. La otra pieza de la red clandestina era otro exiliado nicaragüense, Oscar Blandón. Básicamente, de lo que se trataba era de establecer un amplio acuerdo con las redes de narcotraficantes en el continente y, por ese conducto, abastecer con armas y recursos a La Contra. Por ese servicio, se autorizó a los cárteles ingresar *crack* en Estados Unidos para que se distribuyera entre los sectores más pobres de la población de Los Ángeles, particularmente entre grupos radicales. Se trataba de un esquema muy similar al utilizado a principios de los años sesenta para financiar la contrarrevolución cubana.

Pero lo importante es cómo llegaba la droga a Los Ángeles. Había tres vías: una era el general Manuel Noriega, en Panamá, que entonces trabajaba para la CIA, aprovisionaba de armas a La Contra en Costa Rica y utilizaba la ruta del Caribe para llegar a Miami. La segunda era más directa: la organizaban un oficial de las fuerzas aéreas salvadoreñas, Marcos Aguado, y el agente de la CIA, Félix Rodríguez; ellos operaban en la base militar de Ilopongo, según relató en la investigación del *Irangate* el agente de la DEA Celerino Castillo. De Ilopongo se llevaba la droga a Honduras, donde entraba en operación la red mexicana.

El contacto con La Contra en Honduras, como ya se dijo, era el narcotraficante Juan Matta Ballesteros, ligado al cártel de Medellín. Su jefe directo en México era Miguel Ángel Félix Gallardo, y su principal operador era Ernesto Fonseca Carrillo, *Don Neto*, quien actualmente está en prisión por el asesinato de Enrique Camarena. Bajo las órdenes de Fonseca Carrillo trabajaban Rafael Caro Quintero y un sobrino de *Don Neto* que no pasaba en ese entonces de desempeñar tareas menores: Amado Carrillo Fuentes. El grupo se encargaba de transportar armas a Honduras, a cambio de lo cual regresaban a México (tanto por vía aérea como con camiones, a través de Chiapas) con *crack* y cocaína para su venta en Estados Unidos. Tan estrecha fue la relación que en ranchos de

Jalisco, propiedad de Caro Quintero, se entrenó a combatientes de La Contra.

Evidentemente, una operación de ese tipo, a pesar de la siempre enorme distancia personal que separó a Miguel de la Madrid de Ronald Reagan, no se hubiera podido realizar sin el respaldo de grupos muy poderosos. Tal era el grado de complejidad y relación que mantuvieron estas organizaciones de narcotraficantes con el poder y con la CIA, que por lo menos dos muertes se atribuyen directamente al descubrimiento de esos nexos: la del periodista Manuel Buendía, ocurrida el 30 de mayo de 1984 y la de Enrique Camarena, sucedida un año después. Recordemos que el entonces jefe de la Dirección Federal de Seguridad (DFS), José Antonio Zorrilla, se encuentra preso acusado de la muerte de Buendía. Por el asesinato de Camarena está detenida una veintena de miembros de la desaparecida DFS, además del cuñado del ex presidente Luis Echeverría, Rubén Zuno, condenado a cadena perpetua. El toque macabro del asunto lo da la información proporcionada a los tribunales de San Diego por el ex agente de la CIA —y luego miembro de la DEA— Victor Harrison, quien aseguró que la muerte de Camarena se debió a que éste descubrió la participación de la CIA en el operativo. El mismo Harrison declaró que él colocó el sistema de escucha en las oficinas de la DEA en Guadalajara, lo que permitió confirmar ese hecho.

En su libro *Desperados*, un texto realizado para reivindicar la figura de Enrique Camarena y construido con base en archivos de la DEA, la periodista estadounidense Elaine Shannon describe con precisión lo que ocurrió entonces. Un informante mexicano no identificado cuenta que:

> [...]a mediados de los años setenta, cuando las bandas de Sinaloa guerreaban entre sí y con la PJF y la DEA, los comandantes de la Dirección Federal de Seguridad, Esteban Guzmán y Daniel Acuña fueron a ver a los señores de la droga de Sinaloa, Ernesto Fonseca, Miguel Ángel Félix Gallardo, los Caro y los Quintero. Les aconsejaron que dejaran de lado la violencia y que edificaran una base de operaciones en Estados Unidos [...] Los funcionarios de la DFS persuadieron a los traficantes de Sinaloa de que se reubicaran en Guadalajara [...] Los agentes de la DFS edificaron una especie de complejo narcoindustrial.[4]

Según el mismo testimonio, "los funcionarios de la DFS presentaron a los traficantes con personas de influencia en Guadalajara, les hallaron casa y les asignaron guardaespaldas de la DFS. Los traficantes les proporcionaban músculo y sangre y los dirigentes de la DFS aportaban cerebro, coordinación, aislamiento de otras agencias del gobierno y poder de fuego en forma de miles de armas automáticas introducidas de contrabando".

Todo ello es verdad, pero también lo es que dichos grupos tendrían una cortina de protección aún más amplia: según testimonios oficiales recogidos en Estados Unidos, esta cortina incluso involucraba a la CIA. La razón fue sencilla: estas organizaciones de narcotraficantes se utilizaban como plataformas para combatir a las guerrillas en América Central y del Sur, y participaban directamente en la operación encubierta elaborada por la CIA para abastecer de armas a La Contra nicaragüense a partir de 1980.

La protección que tuvieron muchos de los agentes de la DFS por parte de la CIA, según cuenta Shannon, se basaba en la sociedad que sostenían esas dos organizaciones en

---

[4] Elaine Shannon, *Desperados. Los caciques latinos de la droga, los agentes de la ley y la guerra que Estados Unidos no puede ganar*, México, Lasser Press Mexicana, 1989, p. 209.

torno a objetivos que consideraban superiores al combate del narcotráfico: lo que entendían como seguridad nacional. Las organizaciones del narco eran sus aliadas en esa lucha. El testimonio que el agente de la CIA y de la DEA, Victor Harrison, brindó ante el jurado que en San Diego siguió el caso Camarena, deja poco lugar a dudas: según él, la CIA y la DFS participaron en el aprovisionamiento de armas a La Contra nicaragüense, apoyadas en la organización de Félix Gallardo, Caro Quintero y Ernesto Fonseca. De allí los lazos indisolubles que comenzaron a tejerse entre estos narcotraficantes y miembros de las fuerzas de seguridad. Cuando la DFS desapareció, envuelta en este escándalo y por su participación en los asesinatos de Camarena y Buendía, muchos de sus miembros continuaron dirigiendo el tráfico de drogas y otros se trasladaron, con todo y sus contactos, a la Policía Judicial Federal. En ese entonces, algunos mandos medios militares que participaron en el combate al narcotráfico, como el propio general Jesús Gutiérrez Rebollo, comenzaron a establecer sus propias relaciones y a aprender el *modus operandi*.

Los conflictos entre estas organizaciones de seguridad, los grupos del narcotráfico y los grupos armados (con sus vertientes políticas y de tráfico de gente y armas) no han sido ajenos a muchos capítulos de extraña factura en la relación entre México y Estados Unidos. Por ejemplo, los periodistas franceses Mylène Sauloy e Yves Le Bonniec, en su libro *¿A quién beneficia la cocaína?*,[5] también demuestran que México fue un espacio central en el circuito ilegal de armas hacia Centroamérica, establecido en torno a lo que luego se llamaría el *Irangate*, y que para lo cual la CIA formó sólidos contactos con narcotraficantes y

---

[5] Sanloy Mylène y Le Bonniec Yves, *¿A quién beneficia la cocaína?*, Bogotá, Tercer Mundo, 1994.

grupos políticos relacionados con ellos. Es más: ese contacto fue lo que definitivamente politizó al narcotráfico mexicano y lo que terminó involucrando en sus operaciones a grupos de poder.

En los documentos y libros que hacen referencia a esa época vuelve a aparecer el nombre de Victor Harrison y se insiste en la utilización de las haciendas de Rafael Caro Quintero y de Ernesto Fonseca para el entrenamiento de combatientes de La Contra, actividades realizadas con la protección de la Dirección Federal de Seguridad que comandaba Miguel Nazar Haro. La institución y su jefe estaban estrechamente ligados con la inteligencia estadounidense. Según Sauloy y Le Bonniec, el socio de Miguel Ángel Félix Gallardo (y jefe de Caro Quintero y Fonseca) era el ya mencionado Juan Matta Ballesteros. La investigación de los periodistas franceses presenta testimonios de narcotraficantes colombianos muy cercanos a Pablo Escobar, que aseguran que "la oficina de Medellín despachaba la cocaína en aviones de la CIA pertenecientes a una sociedad que servía de máscara [después se supo que era la Southern Air Transport, con sede en Miami]. La *coke* hacía escala en El Salvador, Honduras, Belice y México, y después era descargada en Miami y Los Angeles".

Según su propia versión, Harrison era un agente de la CIA que trabajaba al mismo tiempo para la agencia estadounidense, para los narcotraficantes mexicanos y para la DFS. Su principal labor fue instalar un sistema de intercepción que permitió a los narcotraficantes intervenir la red de comunicaciones de la DEA en Guadalajara para así prevenir la alianza entre el narco y la CIA y, sobre todo, cuidar el esquema clandestino ideado por Oliver North para apoyar a La Contra. Según Harrison, Enrique Camarena fue asesinado porque había descubierto esa conexión, lo que desenmascararía la operación de North y sería utilizado en la lucha interna de la DEA contra la propia CIA. La idea es parte de una teoría de la conspiración, pero no suena descabellada y está basada en datos documentales.

Y, en efecto, ocurrió lo esperado: el asesinato de Camarena rompió dicha relación y la hizo parte del debate interno de la DEA y la CIA dentro del gobierno estadounidense, obligando a la Central a romper con Medellín y a refugiarse en la relación con el cártel de Cali, en contra de Medellín. A la DEA le quedó el campo libre para golpear a Escobar [6] y a sus socios foráneos: Félix Gallardo, Matta Ballesteros, Caro Quintero y los demás involucrados en el caso Camarena.

Meses después, ya muerto Escobar y con la detención del líder del cártel de Cali, Gilberto Rodríguez Orejuela, *El Ajedrecista*, se hizo evidente que esa organización era lo más parecido a la tradicional mafia moderna: una estructura empresarial, vertical, cohesionada, con lógica de empresa y dirigentes cultos y refinados. Según la propia DEA, desde 1989 este *holding* dominaba el mercado de la cocaína en Nueva York, Houston, Las Vegas, Chicago, San Francisco, Los Angeles y México. Ese mismo año, mientras Miguel Ángel Félix Gallardo era detenido, la PGR capturaba a Amado Carrillo Fuentes, el hombre que manejaba buena parte de los contactos del cártel de Cali en México y que se convirtió poco después en el más importante líder del narcotráfico en México. Seis meses después quedó en libertad.

---

[6] En una acción política que habría que estudiar mucho más a fondo, Escobar estableció entonces una alianza con movimientos insurgentes como el M-19 (al cual el cártel de Cali le asesinó dos candidatos presidenciales en la campaña electoral de 1989) y con grupos sandinistas y del gobierno cubano.

En Cali, *El Ajedrecista* se separaba de los actos violentos del cártel de Medellín y se dedicaba a fortalecer su equipo empresarial (contratando a los principales financieros de su país y de Estados Unidos) y a consolidar sus contactos con las fuerzas de seguridad. Carrillo hacía lo mismo en México en torno al cártel de Juárez: allí se concentraron industriales, políticos, comandantes de la judicial, gente de los medios y del espectáculo. Ambas organizaciones tenían un punto en común que demostraba, independientemente de su asociación, que eran grupos "tratables": habían apoyado el *Irangate*.

Desde entonces han pasado muchos años, pero todo parece fluir en círculos. México, Colombia y Estados Unidos estuvieron relacionados en una dinámica que relaciona la lucha antiinsurgente, las negociaciones de paz y el narcotráfico. Pero no sólo eso: el círculo se cerró cuando se comprobó que la empresa contratada por los servicios estadounidenses para realizar los vuelos de erradicación de drogas en el contexto del Plan Colombia es la misma que en los años ochenta había contratado Oliver North para llevar armas a La Contra nicaragüense. La empresa se llama Eagle Aviation Services and Technology (EAST) y operó las misiones estadounidenses consideradas peligrosas en Colombia. No fue contratada directamente por el Departamento de Estado sino por Dyncorp Aerospace Technology, una empresa de la industria militar que obtuvo los contratos oficiales para realizar, precisamente, las operaciones antidrogas de Estados Unidos en Colombia. La función de los aviones de EAST era fumigar los campos de hoja de coca. Esta empresa, a pesar de haber estado involucrada en el escándalo Irán-Contras, nunca fue sancionada por las autoridades.

Capítulo III

Las farc: del nacimiento a la crisis

Entender los movimientos o conflictos históricos entre los seres humanos es, ante todo, entender las actitudes frente a la vida que llevan implícitos, pues esto es lo que hace que sean parte de la historia humana y no meros sucesos naturales.

Isaiah Berlin

L o dice con toda la dureza posible Philippe Val, el director del semanario más liberal de Francia (y posiblemente de Europa), *Charlie Hebdo*, el mismo que fue juzgado por publicar las caricaturas de Mahoma que habían sido prohibidas en Dinamarca y en el resto de Europa:

¿Cómo es que estos pequeño burgueses izquierdistas de aquí o allá pueden seguir alentando alguna indulgencia hacia estos miserables, con el pretexto de que son los últimos combatientes de la revolución marxista leninista? Todavía más puros que Castro y Chávez, son los últimos avatares del póster de *El Che* Guevara, que sigue presidiendo algunos retretes de idealistas estreñidos [...] Las farc nos dan la respuesta: no es la máquina administrativa la que produce el terror, sino su propia causa, la ideología. Estos cretinos de las farc no necesitan ninguna administración para inventar el Gulag. ¿No tienen territorio? No importa:

crean un Gulag itinerante, formado por los que llaman rehenes y que sólo son individuos necesarios para ejercer el poder supremo de despojar a los seres humanos de su humanidad.

Esa maquinaria, ese Gulag itinerante, comenzó a derrumbarse el 1º de julio del 2008 cuando fueron liberados por el ejército colombiano Ingrid Betancourt y otros 14 rehenes de las FARC, entre ellos tres estadounidenses. Los "últimos combatientes de la revolución marxista leninista" comenzaban su caída irreversible hacia la derrota. En sólo tres meses habían sido abandonados por uno de sus principales patrocinadores, Hugo Chávez, y el propio Fidel Castro dejó constancia de que no confiaba en ellos. El presidente Rafael Correa, que hasta junio había defendido la causa de las FARC y, como Chávez, los aceptaba como parte del movimiento bolivariano y como fuerza beligerante en Colombia, declaró el 6 de julio que la política de tomar rehenes era deplorable y que "si El Che Guevara estuviera vivo se moriría de vergüenza" por las FARC. Esa historia, sin embargo, se había comenzado a escribir mucho antes, sobre todo con el secuestro de Ingrid Betancourt, en febrero de 2002, y cuando Estados Unidos y la Unión Europea declararon a las FARC un grupo terrorista.

LA VISIÓN DE ESTADOS UNIDOS

El 30 de abril de 2008, el Departamento de Estado dio a conocer su informe sobre el terrorismo en el año 2007. En él se analizan los diferentes grupos terroristas que existen a escala mundial, los países que les prestaron ayuda y la lucha que se emprendió contra ellos. En muchos sentidos, el informe puede considerarse el punto de inflexión en la derrota de las FARC.

De acuerdo con el documento del Departamento de Estado, en 2007 hubo 14500 ataques terroristas en todo el mundo que resultaron en la muerte de 22 mil personas, en su mayoría civiles. Dentro de los 42 grupos armados considerados como terroristas se encuentran Al-Qaeda, la ETA, Hamas, Hizbollah y las FARC. Por otro lado, entre los países patrocinadores de dichos movimientos aparecen Cuba, Irán, Corea del Norte y Sudán.

El informe elogia a Canadá y a México en su lucha contra el terrorismo y muestra preocupación por el caso de Venezuela, donde el presidente Hugo Chávez —dice el documento— ha fortalecido los lazos con Cuba e Irán y ha permitido a los grupos terroristas y traficantes de drogas de Colombia entrar en su territorio. El informe destaca la poca colaboración del gobierno de Chávez en la lucha contra el terrorismo y sus supuestos nexos con la guerrilla colombiana, y sostiene que cuando "cuenten con las pruebas suficientes" se reclasificará a Venezuela como país patrocinador.

Pero para Estados Unidos la mayor preocupación respecto a las acciones terroristas está en Colombia, que "mantuvo y reforzó su estrategia de seguridad democrática" enfrentando las amenazas del terrorismo relacionado con las organizaciones del narcotráfico. El gobierno de Colombia continuó su lucha contra tres organizaciones terroristas dentro de su país: las FARC, el ELN y las Autodefensas Unidas de Colombia (AUC). Según el documento, la administración de Uribe se ha concentrado en combatir y desmantelar a los grupos terroristas en Colombia por medio de operaciones policiacas y militares. Las fuerzas de seguridad colombianas han capturado o matado a líderes de las FARC y han recuperado territorios que ocupaban los terroristas. Las muertes del comandante Tomás Medina Caracas, alias *El Negro Acacio*, el 3 de septiembre, y de Gustavo Rueda Díaz, alias *Martín Caballero*, el 25 de octubre, representaron un gran golpe a las FARC. Medina, sigue el informe del Departamento de Estado, era una figura clave para el tráfico de drogas y el aprovisionamiento de armas, y Rueda se encargaba de los frentes de las FARC en la costa del Caribe, además de ser responsable de secuestrar al ministro del Exterior, Fernando Araujo. También se atacaron las finanzas de estos grupos terroristas y se erradicaron 220 mil hectáreas de cultivos de hoja de coca. A pesar de estas acciones, las FARC, dice el informe, continúan con su estrategia terrorista de secuestro, narcotráfico y ataques con bombas contra militares y civiles. En seguida se señalan algunos ejemplos de actividades terroristas realizadas por la organización en el año 2007, enlistadas en este informe:

- En enero, seis personas, entre ellas un bebé, fueron asesinadas por la explosión de una bomba en Buenaventura.
- En marzo, un ataque con bomba dejó a seis heridos y cuatro muertos en Buenaventura.
- En marzo, un coche bomba falló en el intento de asesinar a la alcaldesa de Neiva, Cielo González.
- En abril, frente a oficinas policiacas, estalló una bomba que dejó a una persona muerta, más de 30 heridos y destruyó el edificio.
- En junio, 11 diputados del Valle del Cauca que fueron secuestrados por el grupo murieron estando en su poder.
- En octubre, un ataque con granada a Puerto Asís mató a dos personas y dejó heridas a otras seis.
- En diciembre, las FARC intentaron nuevamente asesinar a Cielo González.

En el documento, las FARC son calificadas como la guerrilla latinoamericana más antigua, más grande y mejor equipada. Además se afirma que nacieron a principios de los años sesenta, identificadas con la ideología marxista, y que se rigen por un secretariado que dirige Antonio Marín, alias *Manuel Marulanda* o *Tirofijo*, y otros seis miembros, entre ellos Víctor Suárez, alias *Jorge Briceño* o *Mono Jojoy*.

Las FARC se organizan por medio de frentes y algunas unidades de combate urbanas especializadas, sigue el informe, realizan ataques con bombas, asesinatos, secuestros y extorsión, al igual que acciones contra objetivos políticos, militares y económicos del gobierno colombiano. Algunos extranjeros también han sido víctimas de las FARC, sobre todo de secuestros para obtener rescates. También se han documentado sus relaciones con el narcotráfico, desde el cultivo hasta la distribución de la droga. Su fuerza es de aproximadamente nueve mil a 12 mil combatientes y varios cientos de seguidores. Cuentan, dice el Departamento de Estado, con ayuda externa de Cuba, que les brinda asistencia médica y apoyo político, y de Venezuela. El grupo usa de forma cotidiana las fronteras de Colombia, Venezuela y Ecuador para realizar sus actividades.

Hasta allí llega la descripción del gobierno estadounidense sobre las FARC. Pero la realidad es que se trata de una organización mucho más compleja, con una historia que la ha vuelto "adicta al dinero", como dice Joaquín Villalobos, la "mejor vestida" del continente, pero también la peor para combatir, organizar al pueblo y hacer política. El dinero, concluye Villalobos, acaba con el espíritu de sacrificio. "Lo normal es que los guerrilleros lo pidan: las FARC lo reparten".

De autodefensas campesinas a organizaciones terroristas

Las FARC nacieron en 1964 como resultado de las negociaciones de paz entre los gobiernos colombianos de la época y las guerrillas campesinas cercanas al Partido Liberal. Estas guerrillas liberales habían surgido alrededor de los años cincuenta, como respuesta a las agresiones de los gobiernos conservadores de Mariano Ospina Pérez (1946-1950) y Laureano Gómez (1950-1953) en zonas rurales del sur y suroeste de Colombia.

De estas guerrillas liberales, que en realidad eran formaciones de autodefensa, formaba parte Pedro Antonio Marín, conocido después como *Manuel Marulanda Vélez* (el nombre pertenecía a un dirigente sindical asesinado) y apodado *Tirofijo* por su destreza en el tiro con fusil. Los enfrentamientos rurales fueron secuela del asesinato del líder del Partido Liberal, Jorge Eliécer Gaitán, muerto en una calle de Bogotá el 9 de abril de 1948. El homicidio generó la mayor revuelta popular de la historia de Colombia, que se prolongó durante años y fue conocida como "El Bogotazo".

En 1953, el general Gustavo Rojas Pinilla llegó al poder tras un golpe de Estado y, para apaciguar la violencia, proclamó una amnistía a la que se acogieron la mayoría de los insurrectos socialistas y liberales. También se firmó un pacto que dejaría al gobierno en manos del partido conservador durante un periodo, y el siguiente en las del liberal.

No todos se acogieron a la amnistía y al pacto patriótico: un sector del Partido Liberal del cual formaba parte *Manuel Marulanda,* relacionado con el Partido Comunista de Colombia, se retiró hacia el sur, a la región de Marquetalia, donde estableció una "zona liberada". El 18 de mayo de 1964, bajo el mando del coronel Hernando Currea Cubides, comandante de la sexta brigada del Ejército, se inició el Plan LASO u "Operación Soberanía" contra las regiones de autodefensa campesina colombianas. El gobierno envió a 16 mil soldados, helicópteros, aviones y artillería para acabar con las denominadas "repúblicas independientes" que se encontraban en Marquetalia y las regiones de Guayabero, Natagaima y Riochiquito. En realidad, más que una zona liberada, Marquetalia era una suerte de comuna establecida en una región olvidada por el Estado colombiano, donde vivía poco menos de un centenar de familias.

Para defenderse del contraataque, los grupos armados contaron con el apoyo del Partido Comunista, que envió a su miembro del Comité Ejecutivo, Jacobo Arenas, quien después se convertiría en el máximo dirigente del grupo guerrillero, junto con el propio *Marulanda*. En plena lucha armada en Marquetalia, en 1964, la organización proclamó el Programa Agrario de las Guerrillas, que con el tiempo se convirtió en el programa agrario oficial de las FARC.

Después de la toma de Marquetalia por parte del Ejército, las operaciones continuaron en las demás regiones donde había presencia guerrillera: Riochiquito, en el Cauca, y El Pato, en Caquetá. Pero la guerrilla no desapareció: un puñado de hombres (apenas 48, entre ellos Arenas y *Marulanda*) sobrevivió, y los núcleos que resistieron el ataque se desplazaron en pequeños grupos a otras regiones.

En 1965 se convocó la Primera Conferencia Guerrillera, en la que se realizó un balance de las acciones y se precisaron los planes de acción militar, política, de organización, educación y propaganda. Durante ese encuentro, el movimiento adoptó el nombre de Bloque Sur, por su ubicación al sur del departamento del Tolima, en las confluencias de los departamentos de Huila, Valle y Cauca, una zona prácticamente abandonada del territorio colombiano.

El 5 de mayo de 1966, la Segunda Conferencia del Bloque Sur oficializó la conformación de las FARC, caracterizadas en ese momento como brazo armado del Partido Comunista. A partir de allí se conformaron en seis núcleos guerrilleros comandados por *Marulanda*, Arenas, Rigoberto Lozada *Joselo*, Carmelo López, Rogelio Díaz, José de Jesús Rivas *Cartagena* y Ciro Trujillo. Este último, segundo al mando del movimiento, concentró todas las fuerzas guerrilleras (salvo las de *Marulanda* y *Joselo*) en el Quindío, donde fueron detectadas por el ejército, que prácticamente las aniquiló.

Después de esos hechos, *Marulanda* asumió la comandancia militar de las FARC, aunque el mando político lo compartía con Jacobo Arenas. Mucho más tarde, en mayo de 1982, se agregó EP (Ejército del Pueblo) a las siglas FARC. En su mejor momento, las FARC llegaron a contar con 17 mil hombres y 70 frentes desplegados en todo el país.

En 1984, las FARC establecieron un acuerdo de cese al fuego con el gobierno de Belisario Betancur, que permitió que surgiera un partido desde el seno de las FARC, la Unión Patriótica (UP), para participar de la política formal colombiana, mientras las FARC conservaban su estructura clandestina. La idea era explotar todas las formas de lucha, desde la legal hasta la militar. Las contradicciones internas, entre ellas la ruptura con el Partido Comunista, pero también las presiones gubernamentales, terminaron con el experimento y dejaron la secuela de unos tres mil militantes de la UP asesinados en los meses siguientes al supuesto acuerdo de paz.

Fue el momento, también, en que las FARC se volcaron de lleno a sus relaciones con los nacientes y ya muy poderosos grupos del narcotráfico. La conexión comenzó con la protección de cultivos, siguió con el cobro de impuestos por el tránsito en la zona y terminó en muchos casos con la asociación directa con los traficantes. La lógica del enfrentamiento y los territorios alejados de todo control estatal en los que ambas organizaciones operaban, daban la cobertura para esa alianza. Tanto las FARC como el narcotráfico relacionaron su negocio con otra industria en auge en el país: los secuestros. Ninguna organización en la historia contemporánea ha realizado mayor cantidad de secuestros simultáneos: las FARC llegaron a tener dos mil personas secuestradas en un solo momento. Pero entre los secuestrados había dos categorías: la mayoría estaba destinada al cobro de un rescate, pero había otro grupo más pequeño, el de los llamados "canjeables", lo cual quería decir que podían ser intercambiados por miembros detenidos de las FARC o por concesiones políticas.

Las FARC entraron después en una época oscura. En septiembre de 1987, todos los grupos guerrilleros operativos se constituyeron en la Coordinadora Guerrillera Simón Bolívar (CGSB), en busca de coordinar tanto las acciones armadas como las fracasadas negociaciones de paz. Grupos como el M-19 se alejaron de las FARC, y los conflictos entre éstas y el ELN se agudizaron, desembocando incluso en duros enfrentamientos que perduran hasta hoy. El nueve de diciembre de 1990, día de las elecciones para la Asamblea Constituyente, el Ejército lanzó un ataque contra Casa Verde, sede del Secretariado Nacional de las FARC-EP. Para esa época, de acuerdo con estudios de inteligencia del ejército colombiano, el grupo ya cobraba por permitir el cultivo de droga. Luego tomó el control de los cultivos y la producción, y posteriormente comerció con drogas para conseguir armas. Actualmente controla y distribuye la cocaína.

El hecho es que en el contexto de la Asamblea Constituyente, la mayoría de las organizaciones armadas (EPL, ERP, Movimiento Armado Quintín Lame, M-19) decidieron desmovilizarse, con lo que se desarticuló lo que quedaba de la CGSB. Las FARC-EP endurecieron su postura y comenzaron a secuestrar a personajes importantes de la política, además de cometer importantes atentados. Pero todavía hubo una nueva oportunidad para la paz: el gobierno de Andrés Pastrana ofreció un acuerdo a las FARC que les permitió tener un territorio "liberado" con epicentro en San Vicente del Caguán, al que ya nos referimos anteriormente. Jamás hasta ese momento las FARC tuvieron tanto territorio ni una posibilidad tan grande de legitimarse nacional e internacionalmente y de entrar con apoyo y respaldo a la vida política institucional. Las negociaciones duraron tres años y terminaron en un rotundo fracaso. Las FARC nunca quisieron abandonar las armas; por el contrario, ese territorio "liberado" les sirvió para fortalecerse militarmente y consolidar sus operaciones con el narcotráfico. Las negociaciones acabaron cuando secuestraron un avión que hicieron aterrizar en pleno San Vicente del Caguán. Sus pasajeros, entre ellos varios políticos, fueron tomados como rehenes.

Las FARC, que vivían su mejor momento económico y una radicalización de sus actos armados, lograron sortear a un Estado acosado por el narcotráfico. No fue sino hasta la campaña del actual presidente Álvaro Uribe Vélez, cuyo padre había sido asesinado por las FARC, que se planteó una propuesta para combatir y desmovilizar a las FARC, y se puso en marcha una estrategia destinada a presionar de manera militar, política y mediática a la guerrilla.

LOS REHENES

A mediados de 2008, las FARC tienen en su poder a 700 rehenes, la mayoría de ellos retenidos durante años en condiciones inhumanas. Entre ellos se encuentran varios personajes importantes de la política colombiana. La más destacada fue, sin duda, Ingrid Betancourt, candidata presidencial secuestrada en febrero del 2002, en plena campaña electoral, junto a Clara Rojas, su principal asesora, cuando iban rumbo a San Vicente del Caguán enarbolando la bandera de un acuerdo de paz con las FARC. Su liberación, en julio de 2008, marcó el inicio de la derrota de las FARC y de una de las estrategias de terror político más sangrientas de la historia de la región. Jamás ningún otro grupo armado latinoamericano que se dijera de izquierda había tomado tantos rehenes, y en forma tan indiscriminada, para utilizarlos como moneda de cambio. Tampoco había sido nunca tan marcado el desprestigio de una organización de su clase. El de Ingrid Betancourt no fue, por supuesto, el único caso. Otro, notable, fue el de los 12 diputados del Valle del Cauca secuestrados en abril de 2002, cuando un grupo de las FARC ingresó a la sede de la Asamblea local. En 2007, luego de una serie de movimientos militares en la zona donde estaban recluidos, fueron asesinados 11 de ellos.

Desde hace 13 años, cuando comenzaron los secuestros masivos, los gobiernos colombianos han intentado infructuosamente llegar a un acuerdo para el intercambio de rehenes. Se han liberado algunos prisioneros a cambio de rescates o por presiones políticas, como ocurrió en 2001 con tres secuestrados mexicanos, pero los *canjeables* son parte de otro tipo de negociación. En la categoría de rehenes canjeables las farc incluye a los políticos y miembros de las fuerzas de seguridad y a algunos extranjeros, sobre todo estadounidenses. Las demandas cambian con el tiempo. En 2007, por ejemplo, pedían para iniciar la negociación de liberación de rehenes el "despeje" (esto es, el retiro de todas las instituciones del Estado, desde la policía hasta los jueces) de Florida y Pradera, dos municipios de 800 kilómetros cuadrados y 110 mil habitantes.

A fines de 2007, las farc, presionadas por varios gobiernos —entre ellos el francés— para la liberación de los rehenes —especialmente Ingrid Betancourt—, anunciaron que entregarían algunos prisioneros al presidente venezolano Hugo Chávez, quien reconoció como fuerza beligerante a las farc y aceptó su afinidad ideológica "bolivariana" con esa organización. La atención estaba concentrada en Villavicencio, la base logística elegida por Hugo Chávez para que le fueran entregados Clara Rojas, su hijo Emmanuel (fruto de la relación con uno de sus captores) y la congresista Consuelo González. Ahí esperaban delegados de ocho gobiernos escogidos por Chávez, 200 periodistas, el Comité Internacional de la Cruz Roja y el cineasta Oliver Stone. No obstante, de último momento la guerrilla colombiana suspendió la liberación de los tres rehenes.

Chávez acusó a su homólogo colombiano, Álvaro Uribe, de frustrar la operación.

Pero luego se supo que el motivo real era que las FARC no tenían al hijo de Clara Rojas: el niño se encontraba desde hacía más de dos años en un orfanato de Bogotá, tal como había adelantado el presidente Uribe; su dicho lo confirmó después una prueba de ADN. La historia de Emmanuel comenzó el 16 de junio de 2005 en el hospital de San José del Guaviare, al sureste de Colombia. Un hombre llevó a urgencias a un bebé con un cuadro de desnutrición, paludismo y leishmaniasis, que además tenía el brazo izquierdo inmóvil por una fractura mal curada y gateaba arrastrando la cadera. José Crisanto Gómez, el hombre que llevó al bebé al hospital, explicó que su sobrino Juan David había estado al cuidado de una familia indígena. El Instituto de Bienestar Familiar de Colombia asumió la custodia del niño y lo envió a Bogotá. Dos años después, Gómez se presentó en las oficinas de Bienestar Familiar. Dijo que era el padre del niño Juan David y que lo quería recuperar, pero terminó confesando que el niño pertenecía a las FARC. Luego se supo que era el hijo de Clara Rojas.

Los días pasaron y las FARC no entregaba a Caracas las coordenadas del lugar donde liberaría a los rehenes. El 28 de diciembre del 2007, el gobierno colombiano confirmó que las FARC no tenían a Emmanuel y que habían intentado sacarlo del Centro de Bienestar Familiar en Bogotá. La fiscalía investigó a los niños entregados al servicio social desde 2004 en el Guaviare, el departamento donde la guerrilla tiene a la mayoría de los secuestrados. Los únicos datos de Emmanuel que se tenían los había dado John Pinchao, un policía que había compartido el cautiverio con Clara Rojas y que había logrado fugarse. El niño había nacido en julio de 2004 en condiciones deplorables, su brazo se había fracturado en el parto y tenía leishmaniasis. Su llanto molestaba a los guerrilleros y a los pocos meses se lo quitaron a su madre; su padre, llamado Juan David y apodado *Rigo*, había sido castigado por la dirigencia de la guerrilla.

El día 31 de diciembre algunos medios publicaron que el Gobierno colombiano estaba boicoteando la operación. Álvaro Uribe acudió a Villavicencio a desmentir la información; en el trayecto, una llamada de la fiscalía le alertó que un hombre quería sacar del orfanato al niño. Simultáneamente, Uribe se enteró de que Chávez estaba anunciando en televisión que las FARC suspendían la entrega de los rehenes por las "maniobras militares" colombianas. Entonces Uribe decidió hacer pública la información. Un equipo forense tomó muestras genéticas de la madre y el hermano de Clara Rojas: la secuencia de su ADN mitocondrial era la misma que la del niño Juan David. El 10 de enero, las FARC liberaron finalmente a Clara Rojas y a Consuelo González. Posteriormente, el 27 de febrero, liberaron a cuatro congresistas: Gloria Polanco, Jorge Géchem, Orlando Beltrán y Luis Eladio Pérez.

A raíz de estas liberaciones se pudieron conocer las condiciones y el estado de salud en que las FARC mantienen a sus secuestrados. Estuvieron durante años encadenados, a la intemperie, sometidos a malos tratos, sin atención médica esencial. La frágil salud de Ingrid Betancourt, evidenciada en un video enviado por las FARC como "prueba de vida" de la ex candidata presidencial —que tiene también la nacionalidad francesa—, provocó que el gobierno de Francia enviara una misión médica para intentar atenderla. La misión humanitaria integrada por

España, Francia y Suiza llegó el 3 de abril a Colombia, con un avión Falcon 50 de la Fuerza Aérea francesa que llevaba dos médicos a bordo. Sin embargo, en un comunicado divulgado el 8 de abril por la Agencia Bolivariana de Prensa, el Secretariado de las FARC anunció que no liberaría a Betancourt.

EL CASO DE INGRID BETANCOURT

Ingrid Betancourt y Clara Rojas fueron secuestradas durante una visita a la antigua zona de distensión de San Vicente del Caguán, el 23 de febrero de 2002. Betancourt fue una firme defensora de la libertad y los derechos humanos en su carrera política y dirigió sus esfuerzos al impulso de la democracia y la justicia social, y a la lucha contra la corrupción, el narcotráfico y la violencia. A principios de julio de 2008, las encuestas mostraron que si el presidente Uribe decidiera no buscar la reelección en 2010, Ingrid Betancourt sería, con mucho, quien obtendría mayores índices de aprobación.

Pero cuando fue secuestrada no era así: se caracterizaba por ser una candidata liberal, con lazos con el ecologismo y con distintas corrientes de una centroizquierda no partidaria que canalizaba posiciones relativamente marginales. Era conocida y suscitaba simpatía, pero no se la percibía como un personaje determinante en la vida política. Su secuestro la colocó en esa ventajosa popularidad, incrementada, además, por su doble nacionalidad colombiana-francesa y por la lucha que se libró dentro y fuera de su país para exigir su liberación.

El relato de Betancourt, ya en libertad, sobre las condiciones en las que pasó más de seis años, ha consolidado esa imagen de luchadora que se forjó durante su secuestro:

Era una levantada a las cuatro de la mañana, precedida de un insomnio, probablemente desde las tres de la mañana. Esperar las noticias, el contacto con los espacios radiales que nos daban la posibilidad de comunicarnos con nuestras familias, en particular con *La Carrilera* a las cinco, que todos los días permitía esa comunicación, y los fines de semana *Voces del Secuestro, Noches de Libertad*. [Escuchábamos] también otro programa, *Alas de Libertad*, a las seis de la tarde, todos los días. Con eso amoblamos [pasábamos] nuestros días. Quitada de las cadenas a las cinco de la mañana, servida del tinto a las cinco. Traían las botas más o menos en ese momento.

Hacer la cola para esperar el turno para chontear. *Chontear* es un término muy guerrillero, es ir al baño dentro de unos huecos espantosos porque no hay letrinas, no hay nada. Entonces nos tocaba esperar turno para ir detrás de unos matorrales a hacer nuestras necesidades en esos huecos. Después, hacer cola para que nos dieran el desayuno. Ese desayuno por lo general era una arepa, probablemente algo de chocolate, un caldo.

Después, tratar de encontrar qué hacer durante largas horas hasta las once y media del día. Hay una situación en el secuestro, y es que al final ya nadie tiene qué decirse. Y por lo tanto usted llega a un campamento de secuestrados y todo el mundo está en su caleta en silencio. Los unos duermen, los otros meditan, los otros oyen radio, si pueden, con antenas hechas de alambre, de bombril amarrado a un palo tirado a la copa de un árbol para lograr una antena que tenga mayor alcance.

Yo me acuerdo que para mí era una tortura lavarme el cabello, porque no me daban tiempo. Yo estaba con hombres que no necesitan lavarse el cabello, que no tienen tantas cosas para lavar como yo. Y por lo tanto ellos estaban listos a los 10 minutos y yo a los 25 minutos todavía estaba bañándome y me sacaban a gritos, era muy humillante. Después de eso, ir a la caleta. Vestirse, con mucho cuidado de que no se le cayera a uno la toalla mientras se ponía la ropa interior. Con mucho cuidado de que no vaya a atacar a uno una hallanave o un escorpión o cualquier bicho mientras uno se está cambiando, porque a todos nos picó algún bicho, nos volvimos expertos. Todos los días alguien dice "¡Uy!, me acaba de picar una hallanave". Y entonces uno dice: "Bueno, ¿y dónde está?" "No, no tengo ni idea, por ahí debe estar". Una hallanave es una hormiga muy grande, y el dolor que produce es como el de la picada de un escorpión. Hay unas hormigas muy pequeñitas que se llaman "majiñas", que se caen de los árboles y cuando le rozan a uno la piel se orinan encima de uno y producen un quemón muy fuerte. Entonces está uno luchando constantemente contra todas esas plagas.

Después de eso llega la comida, se tiene uno que comer lo que traigan muy rápidamente, lavarse los dientes, limpiar las botas, meterse en la caleta o por lo menos organizar el toldillo, guindar [colgar] hamaca. Muy rápidamente cae la noche y ya tiene uno que estar en la hamaca. Las botas tienen que estar de un lado para que las recojan y se las lleven, porque tienen miedo de que nos fuguemos con las botas y no nos dejan tener zapatos por la noche. Nos ponen las cadenas y entonces, si tenemos un guardián de mal humor, nos va a agarrar y nos va a poner la cadena apretada que no nos deja dormir. Si de pronto está simpático nos va a decir que él, tan buena gente que es, nos la va a dejar un poquito más larga. Puede uno, de pronto, negociar, yo al final logré negociar que me pusieran la cadena en el pie, porque no lograba dormir. Las cadenas eran muy gruesas, los candados eran muy gruesos. Yo terminaba con las clavículas peladas por el roce de la cadena [los rehenes, todos, estaban encadenados por el cuello].

Y se acuesta uno, prende el radio y los oye a todos ustedes. Oye *La Luciérnaga*, oye *El Cocuyo*, oye *Hora 20*, oye todo lo que uno pueda oír. Se trata uno de meter en todo lo que sean noticias para pensar en otra cosa, para tener tema de conversación el día siguiente. Se duerme uno como un plomo tratando de olvidar la pesadilla en la que uno está y se levanta uno al día siguiente, probablemente habiendo soñado cosas, como por ejemplo que estoy con mis niños corriendo, vi a mi hermana… Y de pronto se levanta uno a una pesadilla, con la cadena en el cuello, con sed, con ganas de orinar. Le toca a uno orinar al frente de los guardias. Ustedes se imaginarán lo que era para mí orinar al frente de los guardias por la noche. Que le ponen a uno la linterna, porque hay mucha sevicia y mucha maldad. Bueno, todo lo que no les cuento es porque son cosas como tan mías y es muy doloroso.

Cuando de pronto pasa un helicóptero por encima comienza uno a sudar la gota gorda, porque uno ya sabe qué quiere decir: empacar equipos y salir corriendo. Todos inmediatamente. Ni nos hablamos, todo mundo comienza, toda la ropa está empacada en plásticos, empacar todo en plásticos rápido. Y la hamaca, el toldillo, sacar la carpa, doblarla rápido, meter todo… No le cabe a uno en el equipo, siempre quedan cosas por fuera, siempre tiene uno que botar cosas, quedan calcetines, botas, todo queda botado ahí en un reguero de cosas. Por ese pánico que nos da a todos por irnos, por si queda el helicóptero, que haya un ataque aéreo, una bomba, y sale uno corriendo y pone esos equipos que pesan.

Y esas marchas. Lo peor, lo peor, las marchas. Una marcha, levantada a las cuatro de la mañana, empacada de todo el equipo sin luz, donde obviamente se le ha subido a uno el comején. Obviamente se va a poner uno la ropa y está con hormigas. Sale uno a las cinco, seis de la mañana, apenas puntea el día. Los que caminan rápido llegan a las dos de la tarde, pero los que caminamos despacio llegamos al cambuche a las cuatro, cinco de la tarde y está cayendo el sol. Hay que armar caleta, hay que irse a bañar, hay que comer, lavar las ollas y, obviamente, esa ropa que queda sudada... Nosotros siempre decíamos: "Bueno, hay dos alternativas: sucio seco, no se lava; sucio mojado, se lava". Y como es sucio mojado siempre, todos los días, en conclusión, siempre lavábamos la ropa y por lo menos metíamos la ropa al agua. Torcer bien la ropa, extenderla lo mejor que se pueda y por la mañana esa sensación de ropa mojada a las cuatro de la mañana era una tortura. Esperar que nos quiten las cadenas, después meter las cadenas en el equipo y cambiarnos nosotros...

***

El 2 de julio de 2008, el ejército colombiano logró el rescate de 15 rehenes que estaban en poder de las FARC. Entre ellos estaban Ingrid Betancourt, los tres contratistas de Estados Unidos y 11 militares y policías.

Se trató de una operación de inteligencia literalmente cinematográfica, donde las fuerzas de seguridad colombianas lograron engañar a quienes tenían en su poder a los rehenes desde hacía por lo menos cuatro años, detenerlos, y hacerlo todo mediante la infiltración de agentes en áreas de las FARC. Al momento de escribir estas líneas aún no se conocen muchos detalles del operativo, porque estuvo marcado por la secrecía. La inteligencia que lo generó aún sigue viva.

Entrevistado por los medios, el general Freddy Padilla de León, jefe de las Fuerzas Armadas colombianas, dijo que lo que permitió que la operación tuviera éxito fueron los problemas de comunicación de la guerrilla, fragmentada por la ofensiva militar desde 2002, y la infiltración, desde 2007, de un equipo de inteligencia en el Secretariado y en la estructura de carceleros al mando de Gerardo Aguilar Ramírez, *César*, de 46 años, uno de los mandos del Bloque

Oriental de la guerrilla, responsable del tráfico de armas y de cocaína por la frontera con Brasil, y a quien *El Mono Jojoy* había encargado el control de los secuestrados políticos.

A las cuatro de la mañana del miércoles 2, Ingrid Betancourt se levantó pensando en los años de su secuestro. La mayoría de sus compañeros de cautiverio había cumplido una década en las peores condiciones imaginables. A esa misma hora, el general Padilla de León empezaba a desarrollar el operativo desde un puesto de control secreto en Bogotá. Sólo sabían de él el propio Padilla, el general Mario Montoya (jefe del Estado Mayor del Ejército), el presidente Uribe y el secretario de la Defensa, Juan Manuel Santos. El mismo Uribe reconoció luego que, sin dar mayores detalles, había informado del operativo 10 días antes al presidente George W. Bush, porque en el mismo estaban involucrados los tres rehenes estadounidenses.

Según su propio relato, esa madrugada Ingrid rezó el rosario. Como siempre, esperó las más tempranas noticias radiales "para pensar en otra cosa, tratando de olvidar la pesadilla y encomendarme a Dios, pero pensaba que tampoco esta vez es para mí […] A las cinco me sacaron las cadenas con las cuales dormía y me llevaron las botas, hice la cola para ir a unos baños espantosos detrás de los matorrales, traté después de encontrar qué hacer durante largas horas. Nadie tenía ya nada que decirnos […] y de pronto la libertad nos cayó encima".

Padilla, especialista en inteligencia militar, graduado en inteligencia estratégica en Washington y formado también en la Academia de Guerra de Chile, declaró: "Parte del éxito del operativo residía en el secreto absoluto. Por eso el conocimiento se reducía a unas pocas personas". A principios de 2008, el plan, basado en el precario contacto que mantienen la bases de las FARC con su dirección, partió de una idea de coroneles y mayores de inteligencia. Cuando estos militares creyeron en las posibilidades de éxito, contactaron al general Montoya, quien a su vez, fue con ellos a ver a su superior, el general Padilla. Como se había abierto una ventana de oportunidad, a partir de ese momento se dirigió el plan hacia el más alto nivel estratégico y cuando maduró se lo llevó al escalón político: el ministro Santos. En marzo, cuando ya había muerto *Raúl Reyes* y estaba por fallecer *Marulanda*, Santos y Padilla llevaron al presidente Uribe el diseño total de la operación. Le plantearon los riesgos y las vías para disminuirlos. Existía la posibilidad del fracaso, "que se paga con vidas", como recordó Padilla. Uribe asumió entonces toda la responsabilidad política.

El plan partía de que el año anterior se había logrado infiltrar a las FARC hasta su más alto nivel. Las contradicciones internas, los errores de mando y control, y las pugnas ayudaron, según Padilla, a que "no pocos guerrilleros apoyaran el proyecto, no por recompensa de dinero, sino porque también quieren obtener la libertad". Se infiltraron dos instancias: el Secretariado de *El Mono Jojoy* y la cúpula de Alfonso Cano, quien recibiera el mando de la estructura superior de la organización guerrillera tras la muerte de *Marulanda*. También hubo infiltrados en la primera cuadrilla, la encargada de la custodia directa de los 15 secuestrados. Además, el rehén fugado John Pinchao y los que habían sido liberados en enero y febrero proporcionaron también detalles con los que los militares elaboraron el mapa del lugar en donde estaba el grupo de prisioneros.

El Ejército ya sabía en qué zona estaban los secuestrados, pero no había podido actuar para preservar su seguridad. Afirmó Padilla:

A principios de febrero pudimos observar a los tres estadounidenses y dos colombianos durante los días en que salieron a bañarse a un río. Dos semanas después vimos que uno de los ex congresistas [secuestrados] se movió desde allí hacia el norte para cumplir la cita que finalizó felizmente con su libertad. En el primer caso no se actuó porque no estaban los elementos suficientes para que la operación fuera exitosa. En el segundo, porque las Fuerzas Armadas honran la palabra del gobierno y facilitamos la mejor culminación del proyecto liberador.

"Yo nunca supe dónde estaba —dijo Ingrid—, salvo en un momento preciso en que logramos que nos facilitaran un GPS y supimos que estábamos en el rincón sureste. Yo no sé si llegamos a estar en otro país. Puede haber sucedido. Consumimos en algunos momentos productos de Brasil y Venezuela."

Un dato falso que entregaron los infiltrados desencadenó el operativo del 2 de julio con 10 días de anticipación: una organización humanitaria de izquierda, que anteriormente había colaborado con las FARC, ofreció ayudar a los guerrilleros y sacarlos del lugar donde estaban para acercarlos a un área de influencia de Alfonso Cano. También los convencieron de la conveniencia de dejar a los secuestrados en manos de este último para aumentar su poder negociador frente al gobierno. Los infiltrados ocupaban puestos de confianza en las comunicaciones, y así le hicieron creer a *César* que Cano le ordenaba reunir a los rehenes y trasladarse con ellos a su zona de control, en el occidente del país. *César* decidió cumplir la orden; para entonces, su comunicación con *El Mono Jojoy* estaba bloqueada.

Lo que no sabían los jefes de las FARC era que el Ejército había copiado el modo de operación de esa organización humanitaria. Los guerrilleros lo creyeron, trasladaron de tres distintos campamentos a los rehenes y una semana antes le dieron a esa falsa organización humanitaria la localización del sitio donde se debía recoger a los secuestrados.

La parte final de la operación se desarrolló en una semana y media. Los dos helicópteros MI-17 rusos que se emplearían para el traslado fueron pintados de rojo y blanco, igual que los que había utilizado el gobierno de Hugo Chávez en enero para recoger a los rehenes anteriores. También se aprovecharon los anuncios sobre una supuesta visita de emisarios de Francia y Suiza que buscarían tener contacto con Alfonso Cano para que los helicópteros volaran sin problemas en zonas de la guerrilla.

El general Padilla afirmó:

[…] se contempló que si éramos descubiertos, a prudente distancia esperaban listos sobre varios helicópteros con tropas de élite con importantes recursos bélicos. Si recibíamos señales electrónicas satelitales de "pánico", habrían aterrizado en un lugar seleccionado para impedir la fuga de las FARC. Habíamos escogido los puntos para que no hubiese disparos al no existir un contacto que les generara presión de peligro y garantizar de esta manera un tránsito de negociación para un rescate. Como ya no habría sorpresa, pensábamos que cederían al saber que tenían problemas […] Gracias a Dios, no hubo necesidad de esto.

En el lugar había tres grupos de guerrilleros. Uno protegía directamente a *César*. Otro, liderado por su lugarteniente, *Gafas*, vigilaba especialmente a los secuestrados.

Los tres grupos hacían más difícil el rescate. Había que moverlos del área donde eran más fuertes desde el punto de vista del control, y donde se hubiese necesitado muchos más recursos.

Pero había que moverlos hacia donde ellos consideraran que les era más fácil, para que no sospecharan nada. Y tanto es así, que el área que escogieron ellos era intermedia de donde se había liberado antes a Clara Rojas y posteriormente a cuatro parlamentarios.

El primer helicóptero llegó a la cita a la una de la tarde con tres minutos. De él bajó un grupo con cámaras de filmación, dos periodistas independientes (que se hicieron pasar por miembros de la televisora bolivariana Telesud), falsos médicos, enfermeras e internacionalistas, más dos que simulaban ser miembros de las FARC. Algunos vestían camisetas del *Che* Guevara. *César* y los otros jefes de las FARC fueron engañados: tanto, que el propio *César* y uno de sus lugartenientes se embarcaron sin problemas en los dos helicópteros con los rehenes y 12 efectivos castrenses vestidos de civil. Fuera, unos 62 militares vieron cómo los aparatos se perdían en el aire, convencidos de que *César* y los rehenes iban al encuentro de Alfonso Cano.

Mientras tanto, a bordo, *César*, *Gafas* y los secuestrados estaban sentados en la misma máquina. Se había planificado incluso dónde se sentaría cada quien, con el objetivo de "neutralizar" a los guardianes. La maniobra fue tan rápida que algunos, entre ellos Betancourt, ni siquiera se dieron cuenta cuándo sucedió: en segundos estaban los guerrilleros sin pistolas y esposados. Sólo *César* recibió algunos golpes.

Desde el puesto de comando, Padilla recibía los códigos que mostraban que todo iba bien, registrando palabras que normalmente usan los pilotos: "No voy a apagar el motor" significaba que ya habían aterrizado; "Vamos a soltar los frenos", que los helicópteros habían despegado, y "Viva Colombia", que ya estaban neutralizados los jefes guerrilleros. Se habían calculado 10 minutos para recogerlos, pero se tardaron 22, lo cual, según Padilla, estuvo a punto de activar la fase siguiente.

> Abajo, en la selva, quedaron los 62 guerrilleros. Unos días después declaró Padilla:
>
> Es importante que el mundo conozca que, teniéndolos perfectamente ubicados mediante los elementos electrónicos satelitales, los dejamos libres. Aún más, ordenamos suspender operaciones contra ellos durante 24 horas. Esto significa que Colombia privilegia la vida a la muerte. A las Fuerzas Armadas y su gobierno no les interesa matar guerrilleros o terroristas, sino darles la posibilidad de reinsertarse.

Cuando se dominó la situación, un oficial gritó a los rehenes la frase ensayada: "¡Éste es el Ejército de Colombia, están libres!". El código "Viva Colombia" que recibió Padilla significaba el éxito del operativo. Padilla recuerda que "hubo tanto desorden y algarabía, que los pilotos de los helicópteros temieron un accidente". Ingrid Betancourt en sus primeras declaraciones a la prensa señaló:

> [E]l helicóptero casi se cae porque saltamos, gritamos, lloramos, nos abrazamos, no lo podíamos creer. Dios nos hizo este milagro [...] pero fue una operación perfecta [...] Lo que acaba de suceder es un golpe dramático a la estructura de las FARC. Denota infiltración, falta de comunicación y de coordinación con sus jefes. Como está tocada y la opción de la guerra está acabada, debe buscar espacios de diálogo. Lo que más me interesaría es lograr que nuestra liberación permita generar una reflexión en el Secretariado de las FARC para que llegue a la pronta liberación

unilateral de los demás secuestrados. Todos debemos ayudar en esto, pero es importante que ellos mismos tomen conciencia a nivel militar de que llegó la hora de que rectifiquen. Que Dios los bendiga y que esta experiencia les permita cambiar sus corazones. En la derrota están las grandes oportunidades de cambiar de rumbo. Que este sea el primer paso para la rápida búsqueda de una paz negociada, pero sin impunidad, sin negociaciones favorables a los jefes. Pienso en la rendición unilateral porque las farc ya no tienen nada que perder. La única razón que tienen de estar allá es un capricho de las farc […] Hubo una sucesión de hechos que llevaron a este resultado imprevisible, como el distanciamiento de las farc con el Presidente Chávez, la altura de las compensaciones a los guerrilleros que desertan, el que estén muertos *Raúl Reyes*, *Manuel Marulanda* e *Iván Ríos*, así como comunicaciones que se interceptaron. Pero creo que sobre todo ayudó la Virgen de Guadalupe.

César y *Gafas* fueron entregados a las autoridades. El presidente Uribe recibió la noticia mientras recorría el río Magdalena en compañía del gobernador de Santander, Horacio Serpa Uribe, y de los altos mandos militares de la región. Uribe se comunicó telefónicamente con los presidentes de Estados Unidos y Francia, George W. Bush y Nicolas Sarkozy, para comunicarles la noticia y darles los detalles de la operación.

La crisis y el futuro

Uribe, el gran ganador
Con el rescate de los prisioneros, Álvaro Uribe ha quedado fortalecido como ningún presidente en Colombia, y probablemente las farc no tengan otra salida más que aceptar

las condiciones que les imponga su gobierno. Tras el rescate, Uribe llamó a las FARC a liberar a todos los secuestrados que todavía tienen en su poder, como punto de partida para una negociación de paz. Pero también prometió que seguirá luchando hasta que todos los cautivos sean liberados. El hecho es que, con su estrategia de seguridad, el presidente Uribe cambió la percepción de que lo único que se podía hacer para lograr la liberación de rehenes era negociar con la guerrilla. Su popularidad se ha disparado: según la primera encuesta nacional realizada luego del rescate, llegaba a 91 por ciento de aceptación; un 75 por ciento de la población estaría de acuerdo con su reelección.

Para las FARC, el rescate de estos secuestrados completa una serie de contecimientos negativos, pues la muerte de *Manuel Marulanda* y las operaciones contra *Raúl Reyes* e *Iván Ríos* ya habían evidenciado el desgaste de la organización. Pero sin duda, este rescate es el golpe más fuerte que han recibido las FARC en 44 años de enfrentamiento armado. Aunque todavía queda un grupo de secuestrados, la guerrilla tendrá que negociar de otra forma. También habrá seguramente cambios en la intervención de la comunidad internacional en el conflicto. La operación de rescate selló el futuro político y militar de la organización.

ECUADOR Y VENEZUELA
No se puede comprender qué son las FARC sin su relación con el narcotráfico, pero tampoco sin su sustento ideológico. En ese sentido, el gobierno de Hugo Chávez les arrojó un verdadero salvavidas con la llamada Revolución Bolivariana. Las FARC llevaban años en ayunas de una ideología firme. Su relación con el narcotráfico había degenerado los motivos de la lucha, que se deterioraban aún más

en la medida en que se consolidaba la estructura democrática en Colombia. Así pues, la Revolución Bolivariana
de Chávez y el evidente enfrentamiento estratégico de
éste con Álvaro Uribe — con todo lo que está en juego en esa
confrontación, incluyendo el papel de Estados Unidos en
la región— revivieron políticamente a las FARC y le permitieron enarbolar una bandera política que habían perdido.
La Revolución Bolivariana fue también el instrumento
para construir la relación con los gobiernos de Rafael Correa, en Ecuador, y Daniel Ortega, en Nicaragua. El hecho
de que tanto Venezuela como Ecuador tengan fronteras
extensas y poco protegidas con Colombia volvió esas zonas fronterizas las principales áreas de operación de las
FARC, incluida su colaboración con esos gobiernos. Pero a
mediados del 2008, esa relación parece haberse quebrado
como consecuencia de la sucesión de derrotas que las FARC
han sufrido a lo largo del año.

La crisis comenzó con el ataque al campamento de
Raúl Reyes el 1º de marzo pasado, pues puso de manifiesto
tanto la relación de las FARC con las autoridades ecuatorianas, como el que mediante esa relación la guerrilla había
hecho del norte de Ecuador una zona de refugio y operación. De acuerdo con información de fuentes militares
colombianas, las redes de corrupción han fomentado el
mantenimiento de varios campamentos estables en la
frontera, donde se lleva a cabo el tráfico de armas, el transporte de drogas y el adoctrinamiento de las poblaciones;
los guerrilleros se mueven por el norte de Ecuador en camionetas. El principal proveedor de armas de la guerrilla
es Patricio González, un traficante ecuatoriano que cola-
bora con ellos desde hace 25 años. En ese territorio, las
FARC han establecido corredores para el transporte de co-

caína, su principal fuente de ingresos. La inteligencia colombiana habla de 11 campamentos en territorio ecuatoriano: ocho grandes, con talleres, polvorines y pistas de entrenamiento, en la zona del río San Miguel; y tres más pequeños, cercanos al río Putumayo. En la frontera norte de Ecuador, de este a oeste, Colombia ha sufrido 39 ataques de las FARC desde 2004. Colombia ha entregado informes a Ecuador sobre esta situación, pero el presidente Rafael Correa argumenta que el problema se debe a que Colombia no cuida sus fronteras.

También, a raíz del ataque al campamento de las FARC en suelo ecuatoriano, sucedieron muchos cambios en la esfera militar de Ecuador. El sábado 5 de abril, el presidente Correa cuestionó el trabajo de los cuerpos de inteligencia militar y policial, y denunció una supuesta infiltración de la CIA en las instituciones ecuatorianas. Los cuestionamientos llevaron a la renuncia de varios jefes militares. Correa nombró para sustituirlos a tres nuevos mandos: el general Luis González, como comandante del Ejército; el general Fabián Varela, como nuevo jefe del Comando Conjunto de las Fuerzas Armadas y el general Rodrigo Bohórquez, como nuevo jefe de la Fuerza Aérea. También renunció Wellington Sandoval, y entró en su lugar el cuarto ministro de Defensa en menos de año y medio de gobierno: Javier Ponce, ex secretario particular del presidente. El único jefe militar que no fue relevado fue el contralmirante Livio Espinosa, comandante de la Marina.

Las renuncias también fueron resultado de que el gobierno de Colombia difundiera fotos, videos y más información sobre la participación del ciudadano ecuatoriano Franklin Aisalla, muerto también el 1º de marzo, en la dirigencia de las FARC. El Ejército de Ecuador admitió semanas más tarde que sus propias oficinas de inteligencia lo investigaban desde hacía cinco años, algo de lo que Correa dijo no estar enterado hasta que apareció publicado en los medios.

En cuanto al aprovisionamiento de armas, los documentos de la computadora de *Raúl Reyes* revelan que el presidente Hugo Chávez financió y armó a la guerrilla colombiana, y le pidió al guerrillero que adiestrara grupos afines en la lucha armada. El pasado 8 de noviembre, Hugo Chávez recibió en Caracas a Luciano Marín, alias *Iván Márquez*, para impulsar el acuerdo humanitario con Colombia de canjear a 44 secuestrados por 500 guerrilleros presos. Esa fue la información pública; pero hubo otra reunión secreta en la que el presidente venezolano aprobó una solicitud de 300 millones de dólares hecha por las FARC. Además, diseñó un plan para recibir en la región venezolana del Orinoco el armamento enviado al grupo armado por dos traficantes australianos, y puso en marcha un mecanismo de coordinación entre la guerrilla y el Ejército venezolano. También se evidenció que Venezuela era el enlace de la guerrilla con los mercados de armas de Europa del Este, con el objetivo de obtener misiles tierra-aire para atacar a las fuerzas colombianas.

Hugo Chávez quería una guerra, un conflicto que aumentara su legitimidad. El enfrentamiento con Colombia fue alimentado por su gobierno desde tiempo atrás, y el venezolano se había parapetado en el tema de los rehenes de las FARC para poder involucrarse en la vida política interna de Colombia y detonar el conflicto. La razón es relativamente sencilla: Chávez tenía un proyecto continental para intervenir en la política interna de las naciones de la región; quizá aún lo tenga, aunque ha quedado muy de-

Las FARC

Un testimonio en imágenes

Página anterior: Vista aérea del campamento de las FARC atacado el 1º de marzo
de 2008 por el Ejército Nacional de
Colombia, Angostura, Ecuador, cerca de
la frontera con Colombia.
10 de marzo de 2008. / Dolores Ochoa.

Soldados ecuatorianos miran las armas y
el equipo encontrado en Angostura,
Ecuador, después del ataque en el cual
murió *Raúl Reyes*.
2 de marzo de 2008. / Diego Norona.

Un soldado ecuatoriano mira los restos
del campamento rebelde en Angostura,
Ecuador.
2 de marzo de 2008. / Diego Norona.

Armas y equipo encontrados por
soldados ecuatorianos en Angostura,
Ecuador.
2 de marzo de 2008. / Diego Norona.

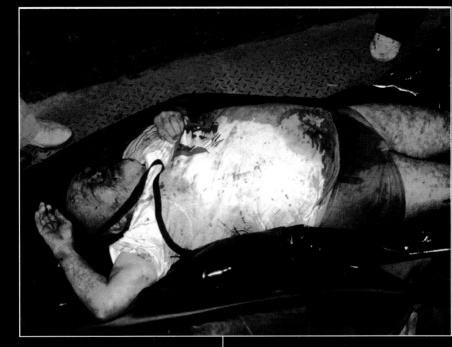

El cuerpo sin vida de Luis Edgar Devia,
conocido como *Raúl Reyes*, uno de los
principales líderes de las FARC.

Lucía Morett al ser transportada en un helicóptero del Ejército Ecuatoriano, después de ser detenida en la frontera entre Ecuador y Colombia. 2 de marzo de 2008. / Dolores Ochoa.

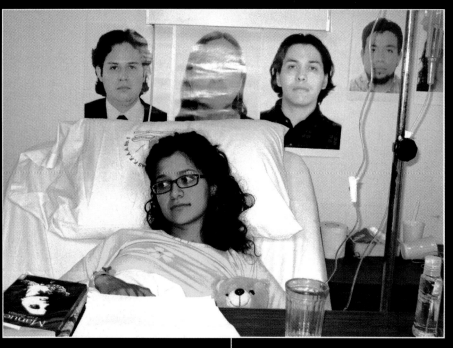

Lucía Morett en un hospital de Quito, Ecuador, después del ataque al campamento de las FARC.

Funeral de los cuatro estudiantes
mexicanos que murieron durante el
ataque al campamento de las FARC.
Quito, Ecuador.
19 de marzo de 2008. / Dolores Ochoa.

Marcelo Franco, padre de Fernando
Franco, y María de Jesús Álvarez, madre
de Lucía Morett, en una conferencia de
prensa de la Latin American Association
of Human Rights, en Quito.
12 de marzo de 2008. / Dolores Ochoa.

El presidente de Nicaragua, Daniel Ortega, derecha; la primera dama Rosario Murillo, centro; y Lucía Morett durante una reunión del Partido Sandinista, en Managua. 21 de abril de 2008. / Esteban Félix.

Hugo Chávez, saluda a Iván Márquez, representante de las FARC, después de una reunión en el Palacio Presidencial en Caracas. 8 de noviembre de 2007. / Gregorio Marrero.

Un soldado de la Guardia Nacional Venezolana resguarda la frontera en Paraguaipoa, Venezuela, para evitar el paso de mercancía colombiana. Como respuesta al ataque militar colombiano a las FARC, realizado el 1º de marzo en Ecuador, Venezuela bloqueó millones de dólares en importaciones colombianas. 6 de marzo de 2008. / Howard Yanes.

Hugo Chávez y Álvaro Uribe, en Sopo, Bogotá, antes de una reunión para discutir un posible acuerdo respecto a los rehenes capturados por los rebeldes de izquierda. 31 de agosto de 2007. / Fernando Vergara.

OTR   TE DE L

De la muñeca de Ingrid Betancourt cuelga
un crucifijo, el cual portaba al momento
de ser rescatada del cautiverio en que la
mantenían las FARC .
2 de julio de 2008. / William Fernando
Martínez.

Página anterior: Ingrid Betancourt al llegar
a la base militar en Bogotá, Colombia,
después de ser rescatada por el Ejército
de su país en un operativo calificado de
"impecable", tras seis años de secuestro.
2 de julio de 2008. / Fernando Vergara.

Ingrid Betancourt abraza a algunos
compañeros liberados con ella, a su
llegada a la base militar en Bogotá.
2 de julio de 2008. / Fernando Vergara.

Mario Montoya, comandante del Ejército Colombiano y uno de los responsables del operativo llamado "Jaque mate a las FARC", que liberó a 15 secuestrados, abraza a Ingrid Betancourt el día de su liberación. Detrás, el Ministro de Defensa, Juan Manuel Santos.
2 de julio de 2008. / William Fernando Martínez.

El presidente Álvaro Uribe escucha a Ingrid Betancourt durante una conferencia

El 3 de julio de 2008, los encabeza-
dos franceses proclamaron la
liberación de Ingrid Betancourt. /
Francois Mori.

El día de la independencia colombiana, más de un
millón de personas protestaron en el parque
Simón Bolívar, contra la oleada de secuestros.
Vestidos de blanco y al grito de "¡No más
secuestros!", exigieron la liberación de los rehenes
que aún se encuentran en poder de las FARC.
20 de julio de 2008. / Christian Escobar Mora.

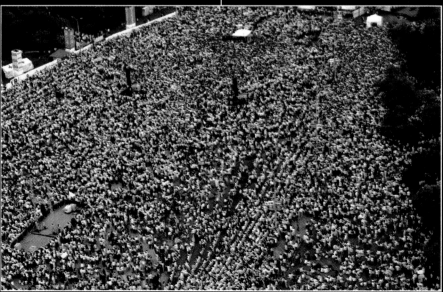

Los líderes de las FARC

Manuel Marulanda, fundador y líder máximo de las FARC, al llegar a Los Pozos, al sur de Colombia, en febrero de 2001. / Ricardo Mazalan.

Raúl Reyes habla con un reportero de San Vicente, Colombia, antes de una nueva ronda de diálogos para la paz. 28 de enero de 2000. / Scott Dalton.

Raúl Reyes habla con la senadora colombiana Piedad
Córdoba durante una entrevista que sostuvieron en un lugar
no identificado de la selva. Las FARC enviaron a Hugo Chávez
un mensaje grabado preguntándole si se entrevistarían el
siguiente 8 de octubre. Chávez le consultó a Álvaro Uribe si lo
dejaría hablar con Manuel Marulanda, con el propósito de
negociar un intercambio de rehenes por prisioneros de guerra.
14 de septiembre de 2007. / Jorge Enrique Botero.

Jorge Briceño, junto a Manuel Marulanda,
en un rancho cerca de San Vicente del
Caguán.
8 de enero de 1999. / Joaquín Gómez.

Alfonso Cano, comandante de las FARC,
en la ceremonia realizada para celebrar la

bilitado. Esto no es una especulación: está en su programa de gobierno. En el mismo programa, un capítulo particular dedicado a México, sostiene el objetivo de alejarlo lo más posible de Estados Unidos, e incluye el cambio de régimen en nuestro país. Las FARC eran un instrumento de intervención muy valioso en todos estos sentidos, pues la organización se había convertido en un grupo poderoso que, sobre todo por su intervención en el narcotráfico, servía para desestabilizar Colombia, presionar en otros países y fomentar el comercio de drogas. Chávez apostó a romper el equilibrio, hasta que sus acuerdos con las FARC fueron divulgados por los documentos encontrados en el campamento de *Raúl Reyes.*

Finalmente las FARC terminaron siendo un factor de desestabilización para sus patrocinadores, entre ellos Ecuador y Venezuela.

A pesar de su creciente debilidad interna, Chávez mantiene un control estrecho sobre los gobiernos de Correa y de Evo Morales (en Bolivia), aunque se está distanciando de ambos. La Cuba de Raúl Castro mantiene cierta desconfianza hacia Chávez, pues sabe de los desplantes del mandatario. Aunque ha recibido toda la ayuda posible de Venezuela, ha preferido establecer acuerdos estratégicos con otros países de la región, como Brasil. Incluso trata de hacerlo con México, con el fin de restablecer nuevos equilibrios regionales: en la lógica de Raúl Castro, de acercar a la isla a un modelo más similar al chino o al vietnamita.

Los campamentos más importantes de las FARC no están en Colombia, sino en sus fronteras: en Ecuador, en el sur, y en Venezuela, en el oriente. Existen complicidades estatales y particulares, de grupos militares y políticos, para mantenerlos y darles protección, complicidades en las que el dinero de la cocaína tiene un papel fundamental. Hemos estado en las fronteras de Colombia, y son una zona de guerra donde los integrantes de las FARC y los productores de coca son uno solo. La línea fronteriza que cruza la selva es difícil de identificar, pero de lo que no cabe duda —y lo sabe todo el mundo en la zona— es que los campamentos de las FARC y las hectáreas de plantíos están del otro lado de la frontera, con el beneplácito de autoridades ecuatorianas. Lo mismo sucede en la frontera con Venezuela: del lado de ese país están los campamentos y los depósitos de droga, desde allí se hace buena parte del lavado de dinero producto de esas operaciones y, de manera más importante aún, cada vez más reportes periodísticos y de inteligencia insisten en que también allí, del lado venezolano de la frontera, estuvieron custodiados rehenes como Ingrid Betancourt.

Chávez mostró sus cartas cuando aceptó que las FARC debían ser consideradas un ejército que mantenía el control de una parte de Colombia. No sólo le dio reconocimiento oficial a una organización que tanto Estados Unidos como la Unión Europea consideraban oficialmente terrorista y ligada al narcotráfico, sino que, además, dijo que esa organización no era terrorista, sino "un verdadero ejército" que enarbolaba un "proyecto bolivariano" que coincidía con el del gobierno que él encabeza, y que por lo tanto tenía su "respeto y respaldo". El asunto trasciende las relaciones bilaterales entre Colombia y Venezuela, y confirma que los documentos programáticos del propio gobierno de Chávez, donde se llama a extender el "proyecto bolivariano" al resto del continente, incluyendo específicamente a México, no son una bravuconada más de Chávez, sino una estrategia.

No se trata de un asunto menor: Chávez ha intervenido abiertamente por lo menos en dos elecciones: las que llevaron al poder a Evo Morales en Bolivia y a Rafael Correa en Ecuador. Generó un intenso conflicto político en Argentina, por las acusaciones de haber financiado parte de la campaña de Cristina Fernández. Financió también la campaña de Daniel Ortega en Nicaragua y a Ollanta Humala en Perú, aunque éste perdió en la segunda vuelta ante Alan García. En México, hubo insistentes versiones de que apoyó, con los comités bolivarianos, la candidatura de Andrés Manuel López Obrador, y varios dirigentes perredistas se han declarado partidarios de Chávez.

El gobierno de Felipe Calderón ha hecho un esfuerzo sistemático por mejorar las relaciones con Venezuela, pero también traza límites y exige reciprocidad. No parece haberla en muchos capítulos: Venezuela se ha convertido en el principal distribuidor de cocaína (que, precisamente, generan las FARC desde Colombia) hacia Brasil y hacia Europa, pero cada vez llegan a México más envíos de ese país. La intervención, en 2008, del aeropuerto de Cuernavaca y varias pistas privadas en Morelos, obedeció a que una avioneta cargada de cocaína, procedente de Venezuela, aterrizó en ese aeropuerto en forma clandestina. Ha habido casos similares en Quintana Roo (un estado donde hay una fuerte presencia del gobierno de Chávez a través de distintos programas "sociales") y en Yucatán. Como el gobierno de Caracas ha expulsado a la DEA y a todas las agencias antinarcóticos de su país, no hay forma de saber si existe o no algún tipo de control sobre esas actividades o si, como se denuncia en forma insistente, las mismas son protegidas por grupos en el poder.

México no es el único país que exige a Caracas reciprocidad y límites. El gobierno de Luis Inácio Lula da Silva, en Brasil, tiene fuertes divergencias con el de Chávez, que pasan por una larga lista de temas que van desde la producción de etanol hasta las bases del ingreso de Venezuela al Mercosur. La relación con Colombia está en el límite, y también la de Colombia con Perú. La distancia con España es inocultable.

Pero Chávez comprendió, desde la muerte de *Marulanda* y la crisis de las FARC, que se había quedado solo, y que los documentos de las computadoras de Reyes lo exhibían. En pocas semanas pasó de considerar a las FARC una fuerza beligerante a exigirles que liberaran a todos los rehenes. La operación que rescató a Betancourt y a otros 14 secuestrados lo dejó fuera del escenario y sin interlocución posible. Dos días después del rescate, prácticamente rompió con sus "hermanos bolivarianos".

***

La información obtenida por los servicios de inteligencia colombianos en el ataque del 1º de marzo reveló algo más. Menos de una semana después del acto, el 6 de marzo, el más importante traficante ilegal de armas, el ruso Viktor Bout, fue detenido en Tailandia, donde negociaba la venta de 100 misiles rusos Igla tierra-aire (SAM) a las FARC. Seis meses antes, el sirio Monzer al Kassar había sido detenido en Madrid por el mismo motivo. Los organismos de seguridad estadounidenses lo acusaron de preparar el envío de 15 misiles SAM Strela II y 7700 fusiles de asalto AK-47 Kaláshnikov desde Bulgaria, que llegarían a manos de las FARC con certificados de usuario procedentes de Nicaragua.

Además de esas relaciones, un reportaje de Maite Rico, publicado en *El País*, revela que las FARC mantienen células clandestinas en varios países, sobre todo en Latinoamérica. Su estrategia va desde la formación de grupos legales a núcleos clandestinos, hasta la creación de nuevas guerrillas. De acuerdo con el director de la policía colombiana, Óscar Naranjo, el eje es la Coordinadora Continental Bolivariana (CCB), integrada por numerosos grupos radicales. La CCB tiene delegaciones en 17 países, entre ellos Alemania y Suiza. Las FARC crearon la Coordinadora en 2003 y aprovechan éste y otros foros públicos, como el Encuentro de los Pueblos, para crear y organizar núcleos de apoyo y células. Una serie de organizaciones de la región también están interesadas en entrenarse militarmente, de acuerdo con información de las computadoras de *Raúl Reyes*. Por ejemplo, Felipe Quispe, dirigente indígena boliviano, solicitó cursos para 10 o 20 personas, al igual que el Secretariado general del Partido Comunista Boliviano y el movimiento de los Sin Miedo. Las relaciones de la guerrilla con militantes de la ETA y, en el pasado, con el Ejército Republicano Irlandés, también han sido plenamente comprobadas, sobre todo en lo referente al entrenamiento para la utilización de explosivos. Incluso, entre la información encontrada en las computadoras de *Reyes* se asegura que se estarían preparando atentados de las FARC contra opositores y desertores residentes en España.

***

Después del ataque del 1º de marzo al campamento de las FARC quedaron en evidencia muchas de las actividades más oscuras del grupo. La guerrilla se ha transformado y se ha convertido en un cártel del narcotráfico. Los secuestros y los atentados con coches bomba los han puesto en la lista de grupos terroristas. Las poblaciones rurales cercanas a su área padecen de matanzas y del reclutamiento de menores.

La evidente crisis se acrecentó con la liberación de los rehenes. Iván Ríos, uno de los jefes de las FARC, fue asesinado por su lugarteniente Pablo Montoya, quien dijo que no sería el último dirigente del grupo asesinado por un subalterno. El despotismo de Ríos, el cerco militar al Frente 47 y una recompensa determinaron el desenlace. Muchos otros miembros de las FARC están abandonando las filas de la guerrilla. Cada mes, cerca de 200 hombres se integran a los programas de reinserción creados por el Gobierno. Muchos de ellos fueron reclutados cuando eran casi niños, y desean acabar con una vida de privaciones y maltratos. Se estima que, en total, 2500 guerrilleros se han incorporado a la vida civil en el último año.

De acuerdo con los expertos, las FARC comienzan a desintegrarse. Además de *Raúl Reyes*, Iván Rojas y *Manuel Marulanda*, siguen perdiendo dirigentes. Varios integrantes de su Estado Mayor —como *Popeye*, *Jota Jota*, *El Negro Acacio* o *Martín Caballero*— cayeron en menos de un año. La inteligencia colombiana ha desarrollado una estrategia en la que la infiltración y la intercepción de las comunicaciones sirven para desarticular la logística de la organización.

Según el gobierno colombiano, las FARC son ahora bandas itinerantes y dispersas con serios problemas de comando y control. En 2002, cuando Álvaro Uribe ganó las elecciones presidenciales de Colombia, la guerrilla estaba en su apogeo: tenían zonas fortificadas en San Vicente del Caguán, la región que Andrés Pastrana había mantenido desmilitarizada durante tres años para lograr un acuerdo de paz que nunca llegó. Allí, las FARC recibían armas y tenían a sus secuestrados. La guerrilla contaba entonces con 19 mil integrantes, repartidos en 70 frentes. Actualmente, los efectivos de las FARC se han reducido a un tercio. Los frentes no son más de 45. En seis años, los secuestros anuales han bajado de 2883 a poco más de 500. Los atentados, de 1645 a 328. El Estado ha retomado el control del territorio, lo que era el principal objetivo de la Política de Seguridad Democrática diseñada por Uribe, y lo ha hecho con base en una mayor presencia de las fuerzas de seguridad. Otro ejemplo de la decadencia en la que está sumido el grupo guerrillero fue la marcha que convocó a millones de colombianos en febrero del 2008 para protestar contra las FARC y exigir la libertad de los secuestrados.

La muerte de *Manuel Marulanda* llegó en el peor momento político, militar y operativo de las FARC. La organización guerrillera ya nombró al sucesor de *Marulanda*: Alfonso Cano, quien ofrece el perfil de un comisario político formado en las filas del Partido Comunista antes de tomar las armas, hace casi tres décadas. Se le ha ubicado tradicionalmente en el ala política de la guerrilla, frente al ala militar, que encabeza Jorge Briceño, *El Mono Jojoy*.

A mediados de 2008, se cree que Cano está rodeado. El ejército desplegó en el centro del país a unos seis mil efectivos para capturarlo. El recién nombrado máximo jefe de las FARC es escoltado por alrededor de 250 miembros de la guerrilla y se mueve por zonas muy montañosas, a unos 3800 metros sobre el nivel del mar. Sin embargo, la mayor presión que recibe es política, y puede llevar a la actual dirigencia a buscar una salida bajo las condiciones que dicte el gobierno colombiano.

Y AL FINAL, ALGO ESTÁ MAL

El rescate de Ingrid Betancourt y del grupo de rehenes, entre ellos tres estadounidenses, ha marcado la derrota estratégica de las FARC: la organización seguirá existiendo, pero cada vez más se transformará en un grupo delincuencial y cada vez menos en una alternativa política. Al número cada vez mayor de pérdidas materiales y de dirigentes, y a la desmovilización de muchos de sus militantes, se ha sumado lo peor que le puede ocurrir a una organización de estas características: la pérdida, casi generalizada en Colombia y en el resto del mundo, de legitimidad política y social. La distancia que han puesto con ellas muchos de sus principales aliados, que apenas meses atrás las consideraban una fuerza beligerante, es una demostración de ese fracaso, de cómo, finalmente, la imagen de unas FARC marcadas por la violencia contra la sociedad civil, la crueldad con sus centenares de rehenes, su inocultable relación con el narcotráfico, se ha impuesto. Quienes la tenían como una opción o una carta de negociación para otros proyectos, han preferido distanciarse para no asumir los costos que esa relación implica hoy.

Pero también es la demostración de un fracaso mayor: el de la visión de que los cambios sociales pueden y deben realizarse en América Latina por la vía de la violencia armada. Las FARC eran, todavía son aunque su propuesta estratégica esté derrotada, la última gran organización que impulsaba la posibilidad de una revolución por la vía de la lucha armada. Y en esa lógica, desaprovechó innumerables oportunidades para reinsertarse en la vida política de su país y ser una fuerza influyente en todos los sentidos. No lo quiso, apostó finalmente por la violencia quizás por consideraciones ideológicas, pero mucho más probablemente por la falta de propuestas que le permitieran jugar ese papel en la política pública y también por razones económicas. Con el paso del tiempo, desde mediados de los años ochenta, las FARC se habían convertido en un negocio demasiado redituable, precisamente porque se mantenían en la clandestinidad y, detrás de ese disfraz ideológico, jugaron sus cartas más en el terreno del narcotráfico que en el de la política.

En ese contexto sorprende aún más que las FARC hayan podido mantener una red solidaria y militante en buena parte de América Latina, incluyendo a México. Algo debe estar muy mal para que jóvenes mexicanos, universitarios, terminen arriesgando su vida por un proyecto internacional tan desprestigiado e incluso rechazado por buena parte de la izquierda internacional. Pero éste es un fenómeno de degradación política que incluye a México y lo trasciende. Las FARC y las simpatías que aún pueden concitar en ciertos sectores, aunque sean muy minoritarios, se inscriben en una lógica de lo que algunos llaman "nueva izquierda" y que en realidad no es más que una vuelta al viejo nacionalismo revolucionario, profundamente conservador, enmascarado con una retórica "antiimperialista" y defensora del Estado nacional contra la globalización.

No es, siquiera, el discurso de los años setenta y ochenta, cuando otras izquierdas agotaron el camino de la lucha armada, algunas derrotadas, otras prácticamente triunfantes, para participar de lleno en la lucha política abierta.

La caída del Muro de Berlín cambió la perspectiva mundial, pero en América Latina, luego de esa oleada, luego del entusiasmo con el resurgimiento democrático de casi todos los países del continente, las crisis, las insuficiencias, la incapacidad de las dirigencias para asumir no sólo un nuevo discurso democrático y liberal sino para ser consecuentes con él y generar mayor prosperidad, trajeron de regreso las posiciones más remotas de corrientes que se dicen de izquierda o revolucionarias, cuando en realidad son simplemente restauradoras, un regreso a las tesis estatistas, a esa visión de que el pasado siempre fue mejor, olvidando que dicha perspectiva era y es inevitablemente antidemocrática y profundamente autoritaria.

La ola del chavismo, con todas sus secuelas, la terquedad de Fidel Castro para no avanzar en ninguna reforma sustancial en Cuba (reformas que Raúl Castro parece haber iniciado), el surgimiento de opciones populistas como Evo Morales o Rafael Correa, incluyendo los fracasos de Ollanta Humala en Perú y de Andrés Manuel López Obrador en nuestro país, las presiones para que las izquierdas con mayor pasado y solidez —como la que representan Luis Inácio Lula da Silva en Brasil, Tabaré Vázquez en Uruguay o Michelle Bachelet en Chile— abandonaran las posiciones socialdemócratas, lo que pusieron de manifiesto es la lucha, dentro y fuera de lo que denominamos izquierda, entre una visión del pasado y una opción de futuro.

Y en ese terreno las FARC eran útiles para la izquierda restauradora, antidemocrática, autoritaria. Chávez no podía, no puede, mostrar su lucha como un panegírico de la izquierda: su pasado era el de un golpista identificado por el nacionalismo; Fidel mantenía una dictadura desde 1959, y cualquier imagen de la epopeya revolucionaria ya tenía espacio sólo para la nostalgia. Evo Morales o Correa reivindicaron un indigenismo y nacionalismo que, en los hechos, está llevando a sus países a la balcanización, y no tienen, siquiera, el *glamour* que en su momento le pudieron dar los zapatistas a ese discurso. Las FARC cubrían ese espacio de supuesta lucha con las armas en la mano por los viejos ideales. Que fuera un ideal marcado por la crueldad y el narcotráfico, parecía ser poco importante para la construcción del discurso bolivariano. Y esa alianza, ese acuerdo, esa red mantuvo a las FARC como un instrumento clave, pero al mismo tiempo prescindible: no es una hipótesis, los intercambios epistolares entre la dirigencia de la organización y los gobiernos de Venezuela y Ecuador que quedaron expuestos con el descubrimiento de los documentos contenidos en las computadoras de *Raúl Reyes*, desnudaron y exhibieron tanto esas relaciones como los objetivos que perseguían.

En pocos meses, la sucesión de golpes recibidos por las FARC y la divulgación de una parte de esa información confidencial, entre ella la publicada en este libro, hizo que buena parte de esos actores abandonaran, por lo menos de palabra, a las FARC.

En nuestro caso, para nuestro país, esa documentación confirma la vieja red de relaciones de las FARC con México, unas relaciones que pasaron de la diplomacia al narcotráfico, de una defensa realizada desde el Estado mexicano hasta la participación de grupos marginales que buscan la revolución donde no hay revolucionarios. Y que terminaron pagando con su vida esa búsqueda inútil.

Pero volvamos al principio: para que ello ocurra algo tiene que estar mal. Tan mal como para que quienes se dicen de izquierda, y no sólo jóvenes políticamente inexpertos, sino personajes con toda una vida detrás, reconozcan o se reconozcan como tal, en movimientos o personajes que no representan el cambio sino la restauración. Algo debe estar mal con ellos, pero también en un sistema político como el nuestro, respecto a la comprensión del mundo real y del lugar que ocupa, o debería ocupar, México en él. Las FARC operan, trabajan y son parte de esa realidad, de esa corrupción ideológica que, paradójicamente, es el mayor parapeto de quienes no desean cambiar nada, o quieren cambiar sólo algo para que todo quede igual. Conocer la trama de las FARC en México es comenzar a comprender por qué nuestra izquierda no puede terminar de representar y representarse como una opción de futuro. Es tratar de comprender, también, qué tan grave es el deterioro político como para que se pueda arriesgar hasta la vida por un espejismo revolucionario que en realidad es una redituable vertiente del crimen organizado.

APÉNDICE 1

LOS NÚMEROS DE LAS FARC

SECUESTROS 1996 – 2008

AÑO	SECUESTROS
1996	228
1997	440
1998	1019
1999	965
2000	850
2001	939
2002	984
2003	686
2004	319
2005	192
2006	120
2007	121
2008	14
Total	6877

Fuente: Fondelibertad
Procesado: Observatorio del Programa Presidencial de DH
y DIH, Vicepresidencia de la República, Colombia.

MASACRES ATRIBUIDAS, 1993 – ENERO DE 2008

AÑO	MASACRES
1993	7
1994	6
1995	9
1996	20
1997	17
1998	18
1999	22
2000	28
2001	18
2002	31
2003	14
2004	15
2005	7
2006	6
2007	3
2008	
Total	221

Fuente: : Policía Nacional.
Procesado: Observatorio del Programa Presidencial de DH
y DIH, Vicepresidencia de la República, Colombia.

Homicidios, 2003 – enero de 2008

AÑO	HOMICIDIOS
2003	782
2004	661
2005	761
2006	593
2007	420
2008	23
Total	3240

Fuente: : Policía Nacional.
Procesado: Observatorio del Programa Presidencial de DH y DIH, Vicepresidencia de la República, Colombia.

LA PISTA DEL DINERO

Una de las razones por las que las FARC han logrado persistir tantos años en la lucha armada es el dinero que han obtenido, sobre todo del narcotráfico y los secuestros. Ambas vías de financiamiento se han ido secando entre 2007 y lo que va de 2008, pero no siempre fue así.

La Junta de Inteligencia Conjunta de Colombia elaboró en 2005 una estimación de los ingresos y egresos de las FARC durante 2003. A continuación presentamos una radiografía de los rubros económicos más importantes para esa organización. Los datos están basados en la información de inteligencia recolectada por agencias del Estado colombiano. El informe comienza con un análisis del plan de cuentas básico para determinar los ingresos de acuerdo con ciertas actividades y los egresos por costos fijos y gastos de funcionamiento.

En el rubro de egresos se contempla el apartado de insumos químicos, los cuales comprenden la gasolina y demás productos para el procesamiento de cocaína. Este rubro ocupa el primer lugar en importancia por su relación con la comercialización del clorhidrato de cocaína, el cual representa 38.55 por ciento del total de egresos. En segundo lugar está el material consumible —cartuchos y granadas—, con 35.44 por ciento del total. En cambio, el material explosivo que se utiliza en atentados terroristas representa sólo 0.54 por ciento del total de egresos.

El apartado de alimentación y sostenimiento de los guerrilleros es bajísimo, pero incluso allí existen tres niveles de gastos: alto, medio y bajo. En el nivel alto se encuentran los miembros de los Frentes, los cuales tienen el mayor nivel de ingresos, sobre todo porque están relacionados con el narcotráfico. Tienen acceso a cerveza, bebidas energizantes, langostinos, champú, gel para el cabello, vino y *whisky*. Los integrantes del nivel medio obtienen sus ingresos de actividades como el secuestro, la extorsión y el robo, y con sus ganancias pueden comprar los artículos que consideren necesarios. El nivel bajo está financiado por el Secretariado u otras estructuras y está dedicado a la tropa. Su presupuesto únicamente les permite comprar los productos básicos para la supervivencia (sal, arroz, aceite, granos…); productos como carne, leche o huevos los obtienen robando. Los informes permitieron establecer que 64 por ciento de los miembros de las FARC corresponde al nivel medio, 28 por ciento al alto y 8 por ciento a la clase baja. Este rubro comprende 4.07 por ciento del total de egresos de la organización armada.

En cuanto a la alimentación de los secuestrados, que durante 2003 ascendieron a 673 personas, representa 0.3 por ciento del total de los egresos. El rubro de transporte se compone de gastos por desplazamientos y gasolina, y representa tan solo 0.70 por ciento de los egresos.

Las compras de armamento representan 6.86 por ciento del total de egresos, con el cuarto lugar en importancia. En cuanto a las compras relacionadas con intendencia, una dotación está compuesta por un chaleco, un machete, un morral, ocasionalmente una linterna, una cintelita o carpa y una hamaca. Cada año se entrega a los guerrilleros dos uniformes, un par de botas, una toalla, dos pares de calcetines, dos pares de calzoncillos y, en el caso de las mujeres, tres juegos de ropa interior. Una vez al mes reciben pasta dental, jabón y un rollo de papel higiénico; a las mujeres, además, se les entrega un paquete de toallas sanitarias y anticonceptivos. A quienes participan en misiones de seguridad y a los miembros del Secretariado se les renueva el uniforme dos veces al año. Este rubro comprende 1.79 por ciento del total de egresos y ocupa el séptimo lugar en importancia. Los gastos en comunicaciones se refieren a la adquisición de radios, teléfonos, baterías, periódicos y revistas, representan el 1.05 por ciento del total de egresos.

También existen los gastos destinados a las acciones terroristas, esto es, el material empleado para los atentados. El informe clasifica las acciones en tres tipos: el tipo 0 comprende acciones en donde no se requiere gasto de materiales (retenes, secuestros, quema de vehículos). En el tipo 1, el principal gasto es el material consumible (munición, granadas, morteros). En las acciones del tipo 2 se incluye cierta clase de material explosivo para detonación (carros bomba, casas bomba, minas, petardos).

Las escuelas de capacitación que reclutan militantes con edades que van de los 14 a los 30 años, ocupan 0.65 por ciento del total de los egresos de las FARC. Un apartado se refiere a la fuga de los guerrilleros que se integran a los programas de ayuda del gobierno colombiano; en estos programas los terroristas entregan su armamento, el cual equivale al 1.24 por ciento del total de egresos. En el rubro de compras para la salud se contemplan los medicamentos básicos como acetaminofén, iboprufeno, antimicóticos, jeringas, gasas, vendas, vitaminas, repelente, gotas para los ojos y anticonceptivos. También se toman en cuenta los gastos para la compra de instrumentos quirúrgicos, pagos para exámenes en laboratorios y procedimientos externos. Todo ello representa 0.18 por ciento del gasto. El "trabajo de masas" al que se asigna el 0.4 de los egresos, incluye el apoyo logístico para la realización de actos especiales, el desplazamiento de los participantes y los medios de difusión para atraer atención. Las emisoras clandestinas representan 0.06 por ciento de los gastos de la agrupación.

El Fondo de Solidaridad tiene como objetivo dar apoyo a los miembros de la organización capturados y recluidos en las cárceles: comprende 0.9 por ciento de los gastos. Por último, en lo referente a los egresos, también se brinda apoyo económico a los familiares de los presos, lo que representa 0.25 del total.

El tráfico de drogas, que comprende la producción, cultivo y comercialización de la hoja de coca y amapola, el establecimiento de pistas de aterrizaje y la comercialización de los productos derivados de las plantas, es la principal fuente de ingresos: 45.49 por ciento del total. Se contempla en este rubro el cultivo y la producción de hoja de coca, la producción de pasta de coca en laboratorios, los cristalizaderos y el cobro de gramaje sobre la negociación de base de coca. De acuerdo con este estudio, las FARC explotan de forma directa 70 por ciento de los cultivos en su área de influencia; el 30 por ciento restante está a cargo de campesinos que aceptan las condiciones que las FARC imponen.

El segundo mayor ingreso de la organización (41.31 por ciento del total) es generado por la extorsión: el cobro de dinero a comerciantes, agricultores y campesinos bajo la amenaza de daño a sus negocios, cultivos y ganado. El secuestro ha cambiado a través del tiempo: se han creado estructuras en las que participan otros grupos que ejecutan el secuestro y luego venden al secuestrado a la organización. La mayor parte del dinero se paga en efectivo y se lleva a las zonas de control de las FARC. El rubro constituye 6.75 por ciento de los ingresos y ocupa el tercer lugar en importancia.

Las FARC también cuentan con capital invertido en el sector financiero. Supuestamente, las utilidades obtenidas se colocan en portafolios clasificados de acuerdo con el riesgo. Las inversiones de bajo riesgo comprenden el dinero oculto disponible para emergencias. Las etiquetas de medio riesgo son inversiones con una tasa implícita de 5 por ciento de interés anual. El alto riesgo toca al dinero que se coloca en el sector real con una rentabilidad estimada en 20 por ciento de interés anual. Este rubro completo representa 3.04 por ciento del total de ingresos de las FARC y ocupa el cuarto lugar en importancia. El hurto de ganado es otra de las actividades que realiza la organización (1.39 por ciento, del total, quinto lugar en importancia), mientras que el robo de combustible se ha acentuado, pues la rentabilidad y la posibilidad de utilizar la gasolina para el procesamiento de narcóticos la han convertido en un objetivo muy importante para las FARC. Los asaltos, robos y hurto a las fuerzas militares sólo representan 0.11 por ciento del total de ingresos.

En resumen: los gastos de insumos químicos y atentados terroristas corresponden al 73 por ciento de los egresos anuales de la organización guerrillera y el 97 por ciento de sus ingresos está compuesto por narcotráfico, extorsión y secuestro.

APÉNDICE 3

DOCUMENTOS DE LAS COMPUTADORAS DE *RAÚL REYES**

*Los documentos numerados del número 1 al 19 conservan el orden que les fue dado por la fuente, desconocemos si la seriación obedece a otro criterio que el cronológico. El documento "A" fue proporcionado por una fuente diferente. Asimismo, los documentos numerados del i al x fueron proporcionados por una fuente distinta a las anteriores y ordenados cronológicamente para esta edición. Al respecto de este útimo grupo de documentos, cabe aclarar que no tenemos conocimiento del significado de la numeración que se encuentra en el borde superior izquierdo, en el derecho o en ambos [n. de la e.].

DOCUMENTOS ENCONTRADOS EN EL COMPUTADOR DE ALIAS RAÚL REYES

No.	FECHA	IDEA FUERZA	INTERLOCUTORES		DESCRIPCIÓN
1	2 de noviembre de 2000	Las FARC, inicia contactos con funcionarios del Gobierno y del partido socialista	REMITENTE Raúl Reyes		Fui a México por cinco días, allá hable con gente del Gobierno, del PRD y del Partido Socialista.
			DESTINATARIO Secretariado		Para el 20 de noviembre de 2000, se proyectó que el senador Carvajal, se entrevistara con integrantes del Secretariado.
2	Marzo de 2004	Balance de finanzas al núcleo mexicano de apoyo a las FARC 2004	REMITENTE —		Finanzas célula Ricardo Flores Magón Noviembre 2004
			DESTINATARIO Raúl Reyes		
3	Diciembre de 2006	Balance de finanzas al núcleo mexicano de apoyo a las FARC 2006	REMITENTE —		Finanzas célula Ricardo Flores Magón Diciembre de 2006
			DESTINATARIO Raúl Reyes		
4	2007	"Plan general de trabajo" para el año 2007 en México	REMITENTE —		Diseñar estrategias destinadas al crecimiento de nuestras estructuras: Núcleo Mexicano de Apoyo a las FARC-EP; Movimiento Mexicano de Solidaridad con las Luchas del Pueblo Colombiano; Centro de Documentación y Difusión Libertador Simón Bolívar y Coordinadora Continental Bolivariana, privilegiando las dos primeras.
			DESTINATARIO Raúl Reyes		
5	28 de enero de 2007	Visita secretarios del Partido Comunista Mexicano.	REMITENTE Raúl Reyes		· Aplazan reunión con emisario de Rafael Correa ante muerte de Ministra de Ecuador. · El Ministro de Finanzas anuncia interés de participar en reunión. · Visita secretarios del Partido Comunista Mexicano.
			DESTINATARIO Manuel Marulanda		

6	13 de febrero de 2007	Tratamiento médico del cabecilla guerrillero Hermes Aguilar por médicos especialistas de Cuba, México y Brasil	**REMITENTE** Raúl Reyes	· Confirma contactos con narcotraficantes.
			DESTINATARIO Manuel Marulanda	· Cancelan visita de Ministro de Economía y finanzas de Ecuador. · La enfermedad de Mauricio Malverde que fue atendida en México, habría generado "inconformismo" de guerrilleros base con Joaquín Gómez.
7	06 de octubre de 2007	Contactos entre Secretariado y Movimiento social de México	**REMITENTE** Raúl Reyes	· Confirman recibimiento de integrante del movimiento identificado como "Fermín".
			DESTINATARIO Integrante del Movimiento indígena "Flores Magón" de México	· Coordinan contactos con partidos comunistas de Rusia y publicación de libro sobre vida de Jacobo Arenas. · Preparan realización de evento a favor de las FARC.
8	16 de febrero de 2008	Negociación de cargamentos de cocaína con tránsito por México	**REMITENTE** Edgar Tovar	· Confirma la salida de 50 delegados de las FARC al II Congreso de la CCB en Ecuador el 220208. · Indica que las finanzas están "difíciles" por las erradicaciones.
			DESTINATARIO Raúl Reyes	· **Lograron negociar un cargamento de droga hacia México a través de una persona que identifican como "Marcos" por el cual obtuvieron 20.000 dólares.**

155

9	4 de agosto de 2007	Informe al cabecilla del secretariado sobre las actividades políticas e ideológicas de apoyo a las FARC por parte de Rosario Ibarra	REMITENTE Leyda DESTINATARIO Raúl Reyes	Afortunadamente este fin de semana existe la posibilidad de encontrar a Gustavo Iruegas y Rosario Ibarra para ver la posibilidad de empujar el trabajo ya existente. Ya retomé los contactos que tenía.
10	15 de diciembre de 2007	Propuesta para la elaboración de cartas de agradecimiento de las FARC a Rosario Ibarra por su apoyo internacional al grupo terroristas	REMITENTE Fermín DESTINATARIO Raúl Reyes	3.- En mensaje anterior le consultaba la idea de presentarles cartas de agradecimiento y que expongan la situación actual del canje y la confrontación en Colombia, signadas por usted o como Comisión Internacional, dirigidas a Rosario Ibarra, Edgar Sánchez y Ramón Jiménez. Si está de acuerdo en la propuesta, a la brevedad comenzamos a trabajar los borradores, incluyendo nuevos posibles ejes que pueda usted sugerir.
11	12 de diciembre de 2007	Instrucciones de las FARC a Rosario Ibarra para el desarrollo de actividades a favor del "canje" en México	REMITENTE Raúl Reyes DESTINATARIO Fermín	3-De gran trascendencia que doña Rosario Ibarra y su eficaz secretario mantengan invariable su disposición de ayudar a presionar por el canje. En este sentido es válido respaldar la iniciativa de la Asamblea Legislativa con documentos difundidos por todos los medios y al mismo tiempo condenar la decisión de Uribe de terminar con la labor facilitadora de Chávez y Córdoba.

	Fecha	Asunto	Remitente / Destinatario	Contenido
12	8 de diciembre de 2007	Disposición de apoyo de Rosario Ibarra para adelantar acciones a favor del grupo terrorista en México	REMITENTE Fermín DESTINATARIO Raúl Reyes	1.-Sigo buscando a Doña Rosario Ibarra y su secretario Edgar quienes a pesar del nuevo escenario que hay con respecto al canje siguen con la disposición de ayudar. El Punto de acuerdo que Adolfo trabaja en la Asamblea Legislativa de la Ciudad de México, además de respaldar la iniciativa de doña Rosario en el senado, incluye una condena a la decisión de Uribe de terminar con la labor mediadora de Chávez y Piedad C.
13	29 de noviembre de 2007	Publicación de comunicados realizados por la Senadora Ibarra a favor de las FARC y del Acuerdo Humanitario, destacando el papel representativo al interior de la estructura	REMITENTE Tania	5- Todos los mensajes firmado por la Senadora Rosario Ibarra, fueron enviados a todas las direcciones y se subieron a la página Web. Igualmente los mensajes enviados por Ingrid.
			DESTINATARIO Raúl Reyes	1-Destacable la labor de solidaridad de la Senadora Rosario Ibarra con nuestra lucha al liderar el acuerdo que en tan buena hora fue presentado y debatido por ella y sus aliados en el propósito de impulsa del acuerdo humanitario y las salidas concertadas a la crisis colombiana. La Jornada sí ha publicado con buen despliegue aspectos de este tema, donde además el Embajador, Luis Camilo Osorio no sabe bien librado por su incontrovertible vínculo histórico con las bandas gobernantes.

| 14 | 19 de noviembre de 2007 | Actividades de protesta fomentadas por la Senadora Ibarra en México orientadas por FARC | REMITENTE Fermín
DESTINATARIO Raúl Reyes | 1.- Le informo que fue hasta el domingo pasado que algunos periódicos retomaron la noticia del punto de acuerdo presentado en el senado por Doña Rosario, La Jornada fue uno de estos. El mismo día domingo Andrés Manuel López Obrador convocó a un mitin en el zócalo de la ciudad de México para rendir su "1er informe de gobierno legítimo". Las campanas de la catedral que está en la misma plaza pública no dejaron de repicar por más de 15 minutos, lo que fue interpretado por AMLO y los asistentes al acto político como una provocación. Doña Rosario fue oradora del mencionado acto y defendió a los manifestantes que entraron a la catedral a intentar silenciar el repiqueteo de las campanas; la declaración de la Senadora fue motivo de que se le demandara legalmente por promover "agresiones contra el recinto religioso e impedir la libertad de culto". |
| 15 | 19 de noviembre de 2007 | Las FARC resaltan el papel representativo de la Senadora Ibarra y el apoyo que presta a nivel propagandístico e ideológico en México | REMITENTE Raúl Reyes
DESTINATARIO Fermín | 1-Felicitaciones por conseguir de la Senadora Rosario Ibarra la presentación en la plenaria del Senado de su formidable documento de solidaridad con la lucha revolucionaria del pueblo colombiano. Valioso instrumento de denuncia de la violencia estatal y de presión por los cambios sociales, económicos y políticos, en los que incluye el canje de prisioneros y la búsqueda de la paz con justicia social. El apoyo a la Senadora de la totalidad de bancada parlamentaria del PT posibilita mayores logros. Apenas obvias las insensatas reacciones de las derechas de México y de Colombia, cuando existe total sintonía en sus oprobiosos planes de represión, saqueo, explotación y entrega del retazo de soberanía a los imperios. |

	Fecha	Tema	Remitente / Destinatario	Contenido
16	21 de octubre de 2007	Interés de la Senadora Ibarra por establecer canales de comunicación con legisladores de Colombia	REMITENTE Raúl Reyes / DESTINATARIO Piedad Córdoba	A lo mejor conoce a la senadora Rosario Ibarra, esta amiga apoyada en otros congresistas y amigos políticos del pueblo azteca, está dispuesta a invitarla a su país. En cualquier momento la llamarán o escribirán para concertar directamente con usted todos los detalles del viaje, como agenda, tiempo y demás. Es posible que inviten también a su colega Gloria Inés Ramírez, usted será quien decide si es pertinente ir las dos senadoras o si mejor ella se queda en la reserva para otra oportunidad.
17	26 de septiembre de 2007	Análisis de la importancia que la Senadora Ibarra tendría en México y cómo aprovechar su imagen a favor de las FARC	REMITENTE Fermín / DESTINATARIO Raúl Reyes	El compañero Juan nos indica que independientemente de que se apruebe o no el documento, el simple hecho de que haya sido introducido por algún senador —en este caso por Rosario Ibarra- ya nos da elementos para agitar el asunto propagandísticamente. En síntesis, es irnos a la grande, a pesar de que no se apruebe nada y ahí quedarnos o darle más bola al asunto y mirar consecuencias. Quedo en espera de su opinión y orientación.
18	20 de septiembre de 2007	Actividades de acercamiento directo del cabecilla guerrillero a la Senadora Mexicana	REMITENTE Fermín / DESTINATARIO Raúl Reyes	Realmente con esta campaña se obtienen importantes utilidades políticas en diversos campos de nuestro accionar. El compañero Juan Campos, nos prestaba buena solidaridad, importante volverlo a contactar. Quedo a la espera del documento mencionado y pendiente de conocer los resultados de su acercamiento con la senadora, Rosario Ibarra.
19	28 de diciembre de 2004	Estudian posibilidad de consolidar alianzas con organizaciones de izquierda en México	REMITENTE Fermín / DESTINATARIO Raúl Reyes	d) Eureka, dirigida por Rosario Ibarra de Piedra. Se dedican a la defensa de los derechos humanos y a exigir el esclarecimiento de los desaparecidos en México durante la guerra sucia.

Noviembre, 2 de 2000

Camaradas del Secretariado. Los saludo con fuerte abrazo y les informo las gestiones efectuadas en la gira internacional ordena por el Pleno:

Fui a México por cinco días, allá hable con gente del Gobierno, del PRD y del Partido Socialista. La política de México gira alrededor de las movidas burocráticas del gobierno del señor Vicente FOZ. En otras palabras el país político está paralizado hasta cuando inicie gestiones el señor FOZ. El senador Carvajal y los comunistas opinan que en política exterior el nuevo gobierno no hará grandes cambios, porque es política de Estado mantener puertas abiertas a las fuerzas políticas extranjeras, mientras internamente dan garrote a sus conciudadanos. El próximo 20 viene el senador Carvajal conversar varios temas con el Secretariado.

Aleyda Enviados

Finanzas.
FINANZAS MARZO 2004.
Núcleo Mexicano de Apoyo a las FARC-EP
INGRESOS $3067
Pago de libros AOS $100
Pago deuda Juan $100
Ventas Conferencia Mov. Mexicano Juarista Bolivariano $667
1 esbozo y 1 cuadernos de campaña $100
Ventas al Mono $230
Pago deuda Sonia $250
1 botón $10
Ventas III Congreso sección XVIII $1350
Ventas del GAM $260
INGRESOS $3067

NMX $1227
COMINTER $1840

Aporte Vol. Pavel $10
Coop. Voluntarias evento Trsosko $40
Aporte Chac $90
SALDO MES DE FEBRERO $ 8094

TOTAL $9461

EGRESOS $892
Viaje Mariana Michoacán $100
Viaje Desis Rex Oaxaca $240
30 fotocopias a color $285
Internet Dago $10
Envío materiales a Colima $167
6 revistas Techa Indomita $90
EGRESOS $892
EGRESOS MES DE MARZO $892

SALDO MES DE MARZO $8569
Reserva en Dólares   15 dls.

DEUDAS DEL NMX
Chac $2000Soren $2000Sonia $5000
Deudas
Juan $310
Vero $95
Dago $20
BARBARO $100

NEGRO

Explica la situación que se ha suscitado de confusión con el mono. Explico que las cosas deben de seguir igual hasta que se nos informe algo distinto y que estemos seguros que ante cualquier orientación que concierne a Magón la comunicara de inmediato.

- Nayar pendiente por cuestión de seguridad, se esta buscando a Hugo
- Gerardo pendiente por seguridad ya que trabaja con Mario Saucedo que es de la corriente del mov de izquierda del PRD y por los problemas internos del partido fue necesario retomar las medidas de seguridad.
Hacer un llamado de atención serio a Valentina por la inasistencia a la reunión.
Ya se transcribió el libro de trocha de ébano y el libro de estudio de Plan Colombia, pedir el libro en de Plan Colombia en Word va a ser sólo para estudio.
Planteo que la lectura que realiza del nuevo embajador el de este tipo va a ser el trabajo de bajo perfil hay que investigar cual es la relación que tiene con Uribe y es necesario estar atento para saber que tipo de trabajo va a realizar, esta yendo a las reuniones de los colombianos, se sabe que hay policías encubiertos de Colombia sin autorización del gobierno mexicano.
Pide aporte de 350 pesos para la impresora.

FINANZAS ABRIL 2004.
FINANZAS ABRIL 2004.
Núcleo Mexicano de Apoyo a las FARC-EP

INGRESOS	$1625.50
3 videos ventas GAM	$150
Venteas Oaxaca Jóvenes por el Socialismo	$585.50
1 cd	$50
Evento sobre Cuba Fac. de Filosofía y Letras	$125
1 Cuadernos de campaña	$50
Congreso del PPS	$220
Pago deuda de Polirgot (Luisa)	$250
Ventas Gris Monologico	$100
Pago deuda Juan	$80
3 revistas	$15
INGRESOS	$1625.50

NMX $650.50
COMINTER $975

Coop. Vol. Jóvenes por el Socialismo	$51
3 libros sobre Cuba ND	$45
SALDO MES DE MARZO	$8569

TOTAL $9315.50

	$70
EGRESOS	
Fotocopias evento sobre Cuba	$20
200 fotocopias para marcha de Pavel	$50
EGRESOS	$70

EGRESOS MES DE ABRIL $70

SALDO MES DE ABRIL $9245.50
Reserva en Dólares   15 dls.

DEUDAS DEL NMX	
Chac	*$2000*
Soren	$2000
Sonia	$5000

Deudas

Juan	*$230*
Vero	$95
Dago	$20
BARBARO	$100

Negro

- Nayar pendiente por cuestión de seguridad, se esta buscando a Hugo
  - Gerardo ya se entrevisto con el esta al margen del trabajo político del PRD sigue en los micro créditos y se darán cinco mil pesos por persona tienen que ser los mismos Hacer propuesta concreta para un negocio ahora hay que pagar cada 15 días

Hugo Guzmán.- habla sobre las problemáticas del PRD.

Mario Saucedo que es de la corriente del mov de izquierda del PRD y por los problemas internos del partido fue necesario retomar las medidas de seguridad.

pedir **el libro en de Plan Colombia en Word va a ser sólo para estudio.**
salud

La comunicación con Desy esta bien hace el comentario sobre Pavel y dejo en claro que la organización esta pendiente y que informara como detalle lo que esta sucediendo

Desy dice que Aline esta mal y que toma al núcleo como algo para sobresalir y que hay que tenerlo en cuenta para saber que tipo de tareas se pueden dejar o cuales no y se

ha alejado del núcleo y le hizo una llamada de atención por la seguridad y le dijo que reconsiderará su participación en el nmx
El trabajo de movimiento bolivariano

FINANZAS CELULA RICARDO FLORES MAGON OCTUBRE 2004

INGRESOS	
Aportación del NMX	
Pesos	$ 546
Dólares	
TOTAL PARCIAL	
Pesos	$ 546
Dólares	

PESOS
Total parcial ingresos $ 546
Último saldo de Célula $ 1115
Total $ 1661

DÓLARES
Total parcial ingresos
Último saldo de Célula   25
Total   25

EGRESOS	
07-10-04	
Tarjeta telefónica. Aleida	$ 100
Scaneo, quema de discos para publicaciones. Valentina	$ 120
TOTAL PARCIAL	$ 220

Total parcial egresos $ 220

	PESOS	DOLARES
Ingresos	$ 1661	25
Egresos	$ 220	0
TOTAL NETO	$ 1441	25

FINANZAS OCTUBRE 2004.
Núcleo Mexicano de Apoyo a las FARC-EP

INGRESOS	$1820
Pago deuda Miguel	$100

Pago deuda Juan	$20
Pago deuda Vero	$40
Ventas Facultad	$270
Ventas AOS-GAM	$200
Ventas FEN Nayarit	$1000
Pago Bora	$20
1 video	$50
Revistas viejas	$120
INGRESOS	$1820

NMX $728
COMINTER $1092

Boletín $31.50
Boletín AOS-GAM $23.50
1 DVD Juan $45
SALDO MES DE SEPTIEMBRE $2605.50
TOTAL $3433.50

EGRESOS	$595
60 fotocopias a color	$300
Fotocopias presentación revista	$50
30 videos vírgenes y 30 estuches	$245
EGRESOS	$595

Egreso mes de octubre $595

SALDO MES DE OCTUBRE $2838.50
Reserva en Dólares   40 dls.
AHORRO PAGO DEUDA $208
SALDO DISPONIBLE $2630.50

DEUDAS DEL NMX	
Chac	*$2000*
Soren	$5000
Sonia	$5000

Deudas
Juan $140   BARBARO $100
Vero $45
Dago $60
Miguel $161

FINANZAS COMINTER NOVIEMBRE 2004

INGRESOS	$144
Aporte NMX mes de noviembre	$144
INGRESOS	$144

SALDO MES DE OCTUBRE $5710
Ingreso mes de noviembre $144

TOTAL $5854
SALDO MES DE NOVIEMBRE $5854
Reserva en Dólares   30 dls.

REVISTA RESISTENCIA NOVIEMBRE 2004

INGRESOS	$100
4 revistas	$100
INGRESOS	$100

Ingreso mes de noviembre $100
SALDO MES DE OCTUBRE $5710

TOTAL $5810

EGRESOS	$60
Aguardiente presentación revista	$60
EGRESOS	$60

SALDO MES DE NOVIEMBRE $5750

LA LUNA DEL FORENSE OCTUBRE 2004

INGRESOS	$50
2 libros	$50
INGRESOS	$50

Ingreso mes de Noviembre $50
SALDO MES DE OCTUBRE $8570

TOTAL $8620
SALDO MES DE NOVIEMBRE $8620

FINANZAS CELULA RICARDO FLORES MAGON NOVIEMBRE 2004

INGRESOS	
Aportación del NMX	
Pesos	$ 144
Dólares	

TOTAL PARCIAL	
Pesos	$ 144
Dólares	

PESOS
Total parcial ingresos $ 144
Último saldo de Célula $ 700
Total $ 844

DÓLARES
Total parcial ingresos
Último saldo de Célula   25
Total   25

EGRESOS	
07 –10- 04 Tarjeta Telefónica Mario	
	$ 50
Scaneo de imágenes, cd para publicación	
	$ 30
TOTAL PARCIAL	
	$ 80

Total parcial egresos $ 80

	PESOS	DOLARES
Ingresos	$ 844	25
Egresos	$ 80	0
TOTAL NETO	$ 764	25

FINANZAS NOVIEMBRE 2004.
Núcleo Mexicano de Apoyo a las FARC-EP

INGRESOS	$480
Ventas Facultad de filosofía y letras	$230
Pago deuda Miguel	$100
Ventas UAM Iztapalapa	$150
INGRESOS	$480

NMX $192
Cominter $288

Boletín $20.50
SALDO MES DE OCTUBRE $2838.50
TOTAL $3055

EGRESOS	$710
Contribución al Congreso Bolivariano de los Pueblos	$100
Aguardiente presentación revista Resistencia	$60
Negativos boletín no. 10	$550
EGRESOS	$710

Egreso mes de noviembre $710

SALDO MES DE NOVIEMBRE $2345
Reserva en Dólares   40 dls.
AHORRO PAGO DEUDA $227
SALDO DISPONIBLE $2118

DEUDAS DEL NMX	
Chac	*$2000*
Soren	$5000
Sonia	$5000

Deudas
Vero $45
Dago $60
Miguel   **$61**
Juan $140
Bárbaro **$100**

Archivos borrados 005

FINANZAS DICIEMBRE 2006
Núcleo Mexicano de Apoyo a las FARC-EP

INGRESOS·$335··Ventas Dialogo Nacional·$65··Ventas Michoacán·$220··2
peliculas·$50··INGRESOS·$335··NMX $135
Cominter $200

Boletín Michoacán $45
Cigarros $20
Boletín $23.50
Aporte Mono Carlos $500

SALDO MES DE NOVIEMBRE $1243.20
TOTAL $1966.70
EGRESOS·$400··Papel   boletín   #16·$200··Pago   deuda
Son·$200··EGRESOS·$400··Egresos mes de diciembre $400

SALDO MES DE DICIEMBRE $1566.70
Reserva en dólares   65 dls.
Reserva en Euros   20 Euros

DEUDAS DEL NMX··Chac $560
Flats $4950
Son $3050··

FINANZAS COMINTER DICIEMBRE 2006
INGRESO·$100··Aporte NMX mes de diciembre·$100··INGRESO·$100··Ingreso
mes de Diciembre $100
SALDO MES DE NOVIEMBRE $3713
TOTAL $3813

SALDO MES DE DICIEMBRE $3813
Reserva en Dólares   40 dls.

REVISTA RESISTENCIA DICIEMBRE 2006
INGRESO·$75··Ventas   Michoacán·$75··INGRESOS·$75··Ingreso   mes   de
diciembre $75
SALDO MES DE NOVIEMBRE $4695
TOTAL $4770

SALDO MES DE DICIEMBRE $4770

DEUDAS
Negro $3214

BONOS SIMÓN TRINIDAD DICIEMBRE 2006
INGRESO·$505··1   folleto·$5··Pago   envio   DVD
Australia·$500··INGRESO·$505··Ingreso mes de diciembre $505
SALDO MES DE NOVIEMBRE $6565
TOTAL $7070

SALDO MES DE DICIEMBRE $7070
Reserva en dólares   51 dls.

LUNA DEL FORENSE DICIEMBRE 2006
INGRESOS·$70··3 libros en Michoacán·$70··INGRESOS·$70··Ingreso mes de
diciembre $70
SALDO MES DE NOVIEMBRE $6205.50
TOTAL $6275.50

SALDO MES DE DICIEMBRE $6275.50

DEUDAS
Negro $2864

FINANZAS CEL RICARDO FLORES MAGÓN DICIEMBRE 2006

INGRESOS···Aportación NMX· $ 100··Aportación del mes
(cuotas)· $ 200··Venta de cigarros· $
20··TOTAL PARCIAL· $ 320··
Ingresos mes de DICIEMBRE $ 320
Saldo del mes de noviembre $ 2490.5
TOTAL $ 2810.5

EGRESOS···Pago de deuda a una compañera· $ 250··Hojas
para el Boletín· $ 250··TOTAL PARCIAL· $
500··

Egresos del mes de DICIEMBRE $ 500

SALDO DEL MES DE DICIEMBRE $ 2310.5
Reserva   en   dólares
30

Deudas/cuotas·Mes·Cantidad··Marcelo·Marzo, abril, mayo, junio, julio,
agosto,   septiembre,   octubre,   noviembre   y   diciembre.·$
1000··Fermín·Junio, julio, agosto, septiembre octubre, noviembre y
diciembre.·$ 700··Maria·Abril, mayo, junio, julio, agosto, septiembre,
octubre, noviembre y diciembre.·$ 700··Eugenia·Agosto, septiembre,
octubre, noviembre y diciembre.·$ 500··Adolfo·Junio, julio, agosto,
septiembre, octubre, noviembre y diciembre.·$ 700··

170

BC-125

PLAN GENERAL DE TRABAJO CRFM 2007 - PCCC

Integrantes:

Fermín   Secretario político
Marcelo   Educación, seguridad y Centro de Documentación
Maria   Finanzas
Adolfo Organización, Agencia Bolivariana de Prensa y MMSLPC
Eugenia   CCB

-Se orientará por los comunicados del Secretariado del Estado Mayor Central, de la Comisión Internacional y de las circulares internas del Jefe de la Cominter.
- Impulsar el reconocimiento como fuerza beligerante de las FARC-EP.
- Asistir a todos los encuentros, congresos, foros, etc. a los que seamos invitados.
- Impulsar la solidaridad con los países amenazados por la guerra imperialista: Venezuela, Cuba, Irak, Irán y Corea del Norte.
- Promover la propuesta de intercambio de prisioneros de guerra entre las FARC-EP y el gobierno colombiano.
- Continuar con la campaña de solidaridad por la libertad de Simón Trinidad, Sonia, Ricardo y Camilo.
- Fortalecer y hacer crecer el Núcleo de Apoyo ya existente.
- Promover y fortalecer el Movimiento Mexicano de Solidaridad con las Luchas del Pueblo Colombiano. Darle continuidad a los resolutivos y trabajos emanados del 1er Encuentro Nacional de Solidaridad con las Luchas del Pueblo Colombiano.
-Generar condiciones para realizar el 2do Encuentro Nacional de Solidaridad con las Luchas del Pueblo Colombiano para el 2008 (tentativamente en marzo)
- Difundir los comunicados y partes de guerra vía Internet y otros medios a nuestro alcance.
- Promover espacios de unidad bolivariana como es la Coordinadora Continental Bolivariana (CCB).

1.- Organización

1.1 Diseñar estrategias destinadas al crecimiento de nuestras estructuras: Núcleo Mexicano de Apoyo a las FARC-EP; Movimiento Mexicano de Solidaridad con las Luchas del Pueblo Colombiano; Centro de Documentación y Difusión Libertador Simón Bolívar y Coordinadora Continental Bolivariana, privilegiando las dos primeras.

1.2 Difusión y Propaganda

a) Publicar la revista Resistencia Internacional; 2 mil ejemplares.

b) Publicar el boletín Voz Bolivariana, órgano de información del Núcleo Mexicano de Apoyo a las FARC-EP, publicación trimestral (4 números al año).

c) Con la colaboración del Partido de los Comunistas publicar y distribuir el libro del Cdte. Jacobo Arenas Diario de la Resistencia de Marquetalia.

d) Distribuir la nueva edición del libro Esbozo Histórico de las FARC-EP

e) Continuar con la distribución de los libros La Luna del Forense y Trocha de Ébano. Con las ganancias de la venta de estas dos publicaciones evaluar la posibilidad de imprimir otro libro.

f) Continuar con la distribución del folleto Relato de un revolucionario Bolivariano desde la cárcel del imperio escrito por Simón Trinidad. Considerar la posibilidad de sacar un nuevo folleto informativo sobre Simón y Sonia.

1.3 Contribuir con al menos cuatro artículos mensuales para la página www.farcep.org, privilegiando la sección de cultura.

Balance semestral julio y diciembre de los planes de

2.- Centro de Documentación y Difusión Libertador Simón Bolívar – Cine Club

Benkos Biohó Mantener ambos proyectos político-académicos para la discusión y difusión de diferentes temas teórico- prácticos emanados de las luchas y movimientos revolucionarios de Nuestra América, principalmente, así como de los debates y discusiones más apremiantes del bolivarismo y el marxismo leninismo.

Fortalecer estos proyectos al interior de la UNAM con el propósito de llegarle al público universitario y académico, a fin de conservar los espacios ganados en la Facultad de Filosofía y Letras, así como para mantener una buena cobertura.

2.1 Se comenzará con la reproducción y distribución del CD-ROM que contiene los comunicados de las FARC-EP de los años 2003 a 2006.

2.2 Se realizarán ocho sesiones de la cátedra, con la participación de varios ponentes del medio académico, cultural y de organizaciones sociales; así mismo se realizarán unas 10 proyecciones en el cineclub. Lo anterior incluye el trabajo de organización, producción de documentos, propaganda y difusión de las actividades.

2.3 En coordinación con la CCB se publicarán materiales propagandísticos y de difusión: Un folleto (con el tema por decidir) y otros materiales como videos, documentales, CD´s, etc. La recaudación total de la venta de este material será distribuida en partes iguales para el Centro de documentación y la CCB.

2.4 Se continuara con el trabajo de documentación de los comunicados de las FARC-EP correspondiente a los años 2001, 2002 y 2007.

2.5 Se continuará con el trabajo de difusión por medio del correo electrónico de los comunicados de la organización y documentos diversos que informen y analicen la situación latinoamericana y mundial.

2.6 Diseñar planes de finanzas que sostengan estos proyectos, así como rendir cuentas periódicamente de ingresos y egresos.

2.7 Seguir buscando el reconocimiento institucional de la UNAM, u otras instituciones, con la principal finalidad de hacernos de una buena cobertura y mantener los espacios ganados en la Facultad de Filosofía y Letras.

3.- Coordinadora Continental Bolivariana

3.1 Promover la discusión y participación rumbo al 2do Congreso Continental por Nuestra América para finales de 2007 y sin sede definida.

3.2 Contribuir con notas y artículos periodísticos para la Agencia Bolivariana de Prensa (ABP). Buscar la colaboración y participación de otras organizaciones sociales y partidos políticos del país.

3.3 Realizar Plan de estudio para la CCB que aporte elementos mínimos para la formación de compañeros vinculados a la CCB, así como para la difusión en general.

3.4 Contribuir a la realización del folleto bilingüe sobre los presos de las oligarquías y el imperio que reivindica la CCB para su distribución en los EU, principalmente.

3.5 Diseñar planes de trabajo dirigidos al crecimiento y organización de la CCB: creación de Núcleos Bolivarianos por Nuestra América, finanzas organización de eventos, periódicos murales, etc.

3.6 Procurar y privilegiar la incorporación del Partido de los Comunistas y la Juventud Comunista de México a la CCB, con miras a organizar el lanzamiento del capítulo México durante la segunda mitad de 2007.

3.7 Continuar realizando la Hoja Bolivariana, como un primer esfuerzo de publicación propagandística de la CCB México con miras a convertir dicha hoja en un boletín o periódico.

4.- Finanzas y bienes de la organización.

4.1 Diseñar estrategias dirigidas a obtener recursos económicos que financien nuestro trabajo político revolucionario.

4.2 Mantener la maquina expendedora de cigarrillo en la universidad, así como buscar otros posibles lugares donde colocar maquinas de este mismo tipo.

4.3 Mantener el pago $100 mensuales por militante y saldar el pago de cuotas atrasadas.

Inventario de bienes

5.- Educación. De acuerdo con las orientaciones de la dirección con relación al trabajo de educación y formación de militantes, se continuara con el estudio de los clásicos del marxismo leninismo y bolivarismo. Se establecen los siguientes temas a desarrollar:

5.1 Introducción al marxismo-leninismo. Responsable: Fermín.

5.2 Introducción a la historia del marxismo en América Latina. Responsable: Eugenia.

5.3 Marxismo y bolivarismo. Responsable: María.

5.4 Introducción a la filosofía marxista. Responsable: Marcelo

5.5 Introducción a la economía marxista. Responsable: Adolfo.

5.6 Se continuará con el estudio de las circulares del jefe de la Cominter, comunicados de la organización y artículos que ayuden a una mejor comprensión de la realidad política y social de México, Colombia y Latinoamérica.

5.7 Realizar estudios coyunturales de la situación político y social de México y Colombia en reuniones de célula y núcleo.

Ciudad de México abril de 2007.

San03

Enero, 28 e 2007

Camarada JE. Reciba fuerte abrázo con el saludo fraterno.
1. Por esto estamos sin novedades.
2. Según razón de Joaquín por medio de Edgar en el momento no tiene
condiciones de recibir el Moden. Ni siquiera tenemos la comunicación radial
con él para saber si recibió las gamas, claves, códigos y las cosas envidas a
Sandra.
3. La muerte trágica de la Ministra amiga, atraso la nueva entrevista con el
Coronel, está prevista para el próximo 31 o el 5 de febrero. Mandamos nota de
pésame por la pérdida de la Ministra. Al parecer el Coronel ocupará el
ministerio al menos por un tiempo. El Ministro de finanzas también quiere
visitarnos el próximo 9.
4. Llegan hoy el Secretario General y el Subsecretario del Parido de los
Comunistas de México.
5. Le mando el proyecto de carta dirigida a varios presidentes, espero contar
con sus aportes y opinión para hacerla pública o abandonar la idea.
Anexo lo anunciado.
Es todo. Raúl

Proyecto

Señores Presidentes:

Evo Morales, de Bolívia,
Hugo Chávez, de Venezuela,
Néstor Kischner, de Argentina,
Rafael Correa, de Ecuador y,
Tabaré Vásquez, de Uruguay,
Daniel Ortega, de Nicaragua.

Les presentamos nuestro saludo bolivariano, patriótico y revolucionario,
cimentado en el anhelo más sentido por las mayorías del Pueblo colombiano:
La solución política del conflicto político, económico, social y armado.

Nos mueve a dirigirles la presente el convencimiento de que el actual medio
ambiente político existente en América Latina y El Caribe es de lucha por la
Paz con Justicia Social, sin la cual no habrá Patrias dignas, soberanas, unidas
y caminando en sus propias piernas hacia el desarrollo pleno de este pequeño
género humano, como decía Bolívar, quien está regresando en el despertar
combativo de los Pueblos que se levantan en lucha por realidades políticas,
sociales y económicas propias, autóctonas, autónomas y de nuevo tipo. Ese
despertar hunde sus raíces en nuestra Historia única y común.

Se trata de una lucha popular antiimperialista porque rechaza "los códigos de
Washington"; con carácter de clase porque está dejando fuera del juego político
a quienes siempre han gobernado y acaparado todos los recursos; basada en

una confrontación que tiene como bandera el legado del Libertador Simón Bolívar y demás Próceres y grandes pensadores de la Humanidad, y como instrumentos preferenciales la organización popular y las campañas electorales. En esencia es una lucha política.

Los Pueblos saben que el Imperio no es invencible, que las oligarquías de sus países no vinieron para quedarse. Y sobre todo, saben que un futuro de Paz con Justicia Social será fruto de su lucha, esfuerzos y sacrificios y que la sangre derramada durante décadas de lucha, no ha sido en vano.

Cuando levantamos la mirada y observamos lo que ocurre de manera especial en sus países, aparece en nuestra mente un aparte del Programa Agrario de los Guerrilleros, más vigente que nunca:

"Nosotros somos revolucionarios que luchamos por un cambio de Régimen. Pero queríamos y luchábamos por ese cambio usando la vía menos dolorosa para nuestro pueblo: la vía pacífica, la vía democrática de masas. Esa vía nos fue cerrada violentamente con el pretexto fascista oficial de combatir supuestas "repúblicas independientes", y como somos revolucionarios que de una u otra manera jugaremos el papel histórico que nos corresponde, nos tocó buscar la otra vía: la revolucionaria armada para la lucha por el poder".

"… Por eso las FARC-EP se han constituido en una organización política militar que recoge las banderas bolivarianas y las tradiciones libertarias de nuestro pueblo para luchar por el poder y llevar a Colombia al ejercicio pleno de su soberanía nacional y hacer vigente la soberanía popular. Luchamos por el establecimiento de un régimen democrático que garantice la paz con justicia social, el respeto de los derechos humanos y un desarrollo económico con bienestar para todos quienes vivimos en Colombia".

Desde Marquetalia venimos afirmando que la solución del conflicto es de carácter político. El despertar de América Latina, ya referido, nos lo está confirmando, pues la guerra de los desastrosos gobiernos contra el pueblo colombiano, que tiene como arietes el Terrorismo de Estado y el Paramilitarismo, hoy llamada política de 'Seguridad Democrática', ya lleva más de medio siglo causando dolor, muerte y mucho sufrimiento. En este sentido, Ustedes saben que todos los esfuerzos realizados en procura de salidas distintas a la guerra han terminado en un baño de sangre. Y a pesar de todo seguimos insistiendo en que esa es la salida.

Por eso, apreciados Presidentes: Interpretando la voluntad política de las mayorías del Pueblo colombiano, en el sentido de buscar salidas que permitan solucionar la crisis que afecta a Colombia y que hagan inocua la guerra interna que desangra nuestra Patria, les solicitamos sus buenos oficios para sacar adelante la solución de una situación puntual derivada del conflicto interno.

Queremos que con su concurso nos ayuden a conseguir el despeje de los Municipios de Florida y Pradera, en el Departamento del Valle, paso inicial para la realización del Canje de Prisioneros o Intercambio Humanitario de las personas en poder de las dos partes enfrentadas. Hemos manifestado que el

Intercambio, convertido en clamor nacional y que cuenta con apoyo de varios países amigos puede ser convertido en el preámbulo de la salida política a la crisis colombiana, profundizada por el modelo neoliberal, la inaceptable injerencia del Imperio yanqui en el conflicto y por la espúrea, corrupta y narcoparamilitarizada administración actual.

Queremos su valiosa contribución pues mucho nos hará avanzar en la búsqueda de la solución política del conflicto. Sabemos que América Latina y El Caribe están a la espera de ese acontecimiento pues entienden que consolidará la estabilidad regional. De nuestra parte, tenemos propuestas concretas. Sólo falta voluntad por parte del Gobierno actual para que el Canje avance por buen camino, que es lo que espera el Pueblo colombiano y sus Pueblos hermanos, la Comunidad Internacional, destacadas personalidades y de manera especial los familiares de los prisioneros políticos y de guerra de las dos partes.

Podemos establecer mecanismos para recibir sus emisarios o enviar un representante para que exponga más ampliamente nuestra propuesta.

Bolivarianamente,

FARC-EP, Comisión Internacional, Raúl Reyes

Montañas de Colombia, Enero de 2007

San04

13.02.07

Camarada JE. Mi saludo con el deseo de buena salud.

1. Por estos lados estamos sin novedad.

2. Gracias por sus aportes a la carta de los presidentes, sigo recabando opiniones de los demás camaradas para concluirla. Tenemos la vía de entregarla directamente por lo menos a dos o tres destinatarios.

3. Estaba anunciada la visita del Ministro de Economía y Finanzas del vecino, pero la cancelaron a última hora por evitarse reclamos de la oposición. Los intercambios con el emisario oficial siguen normales. Aparentemente serios hasta ahora.

4. Los de Uribe soltaron al profesor para darle una patada y dejarlo por fuera de la maniobra del intercambio y agarraron a Lázaro. Ahora este escribe pidiendo que lo reciba para explicarme una propuesta "novedosa" de Holguín. Según él, la hace sin compromiso con el gobierno, pero advierte el riesgo de que si nosotros desestimamos la propuesta vamos a quedar como los que nos negamos al canje. La jugada es clara: por un lado medirnos el aceite, haber si ya estamos blanditos y decididos a aceptar las imposiciones de Uribe y por el otro buscar protagonismo para Holguín y los godos ya que este es su jefe, con lo que también se fortalecerían la coalición de gobierno, en un momento de crisis institucional por la creciente pérdida de legitimidad del paramilitar en el gobierno.

5. Los emisarios de Francia, Suiza y España también insisten en la urgencia visitarnos para darnos mensajes urgentes de sus gobiernos. Si recibirlos sirviera para complicarle más la vida a Uribe con los familiares y quines sí quieren el canje, yo los podría atender.

6. Son muchas las críticas de distintos sectores de opinión y políticos a las constantes rabietas de Uribe y sobre todo a la farsa con los llamados diálogos con sus paramilitares, los insultos del dictador a quienes critican o se oponen a sus políticas de Colombia y del exterior. Este tipo parece un perro rabioso mordiendo a todo quien se atreva a disentir de su proceder fascista.

6. Habrá escuchado el desespero de la Casa Blanca por la incapacidad de recuperar los tres gringos. Informaciones recientes afirman que Estados Unidos está listo para atacar a Irán, esa es la causa del descontento con los gringos de Pitin. Los rusos tienen inmensas inversiones en Irán y temen perderlas en la guerra, pero también se rumora del apoyo que le daría Rusia a Irán si son atacados por los gringos. Hay quienes dicen que esté sería el principio de la tercera guerra mundial y el principio del fin del imperio norteamericano.

7. De otra parte seguimos, conversando con emisarios de los interesados en la Maracachafa, aparentemente existen opciones de conseguir algo, lo que pasa es que esto es lento y no se puede confiar en esta gente. Pero por lo visto es cierto que están muy apretados y temerosos de ser extraditados, situación que los obliga a buscar refugio.

8 El caso con Hermes es grave por su mala salud. Fue examinado y tratado por médicos especialistas de Cuba, México y Brasil sin lograr su mejoría. Donde Timo es muy poco lo que puede ayudar, pero ni pensar en sacarlo

porque lo buscan por todos lados para capturarlo y entregarlo como botín de guerra a Bush.

9. Se rumora de mucho descontento con Joaquín por parte de la gente que anda con él. Según entiendo por manejos demasiado extremos en las provisiones y dotaciones especialmente. No tengo mayores elementos ni opino por la misma razón, pero los rumores andan por los frentes y me preocupa la utilización que de esto hace la infiltración. Yo, sigo incomunicado con el Camarada.

10. Le adiciono el poema "Canto a Manuel" escrito por una amiga nuestra del cono sur. Finalmente una carta de la hija de Corena.
Es todo. Un gran abrazo, Raúl

CANTO A MANUEL

Yo no veo en Marulanda una leyenda, si el es suspiro del aire que se agita, el es la REALIDAD y la elegía de la tierra, el ideal sembrado y la simiente.

El es la soledad acompañada, el es el corazón y la insolencia, el es la fuerza de la tierra embravecida, la cicatriz del pasado y sus heridas.

El es el grito del obrero y campesino, que sufre y lucha y corre la utopía, es el valor del pueblo, es el hermano, es una parte del paisaje embanderado de paz, de sol, de sueño liberado.

Digo Manuel y nombro las noches estrelladas, besando las sabanas y los llanos, nombro un fusil que estalla en las entrañas de la vergüenza, por la patria vulnerada.

Digo Manuel y nombro la montaña, que se yergue majestuosa, omnipotente, nombro una tierra ardiente y los caídos, que invitan a luchar contra el olvido.

Otros, otros dicen Manuel y tratan desde el odio, apagar el lucero de su hazaña, buscan matar la vida en claro intento, de avasallar, haciendo añicos la esperanza.

Digo Manuel y veo de pie magna excelencia, que trasciende frontera amor y olvido, las montañas no se caen Don Marulanda y esos también, esos también dicen MANUEL y nombran la montaña.........

Guadalupe Maciel

Carta hija de Corena.
11/02/2006

HOLA: PAPI

Te doy un grato saludo esperando que te encuentres bien de salud y anhelando que todos tus proyectos y tus labores diarias se estén cumpliendo a cabalidad y sin obstáculos.

Aunque atrasadito te deseo un feliz año nuevo, que sea de mucha prosperidad y armonía.

Te cuento que por acá todo esta bien pues justo hace dos semanas acabe los exámenes de semestre y estoy muy contenta por que me fue bien a pesar de que tenia miedo ya que las materias que llevamos tienen mucho contenido y a veces no alcanza el tiempo para estudiarlas por completo, de todas formas valió la pena hacer el esfuerzo, ya que fueron muchas noches sin dormir y lo peor no hubo tiempo de disfrutar de la navidad mucho menos de año nuevo sin embargo ahora estoy feliz por que esto me brinda la posibilidad de viajar más rápido y por lo tanto aprovechar mas el tiempo.

En una de las cartas que te envié por medio del camarada Raúl te contaba que tengo una ganas enormes de verte ojala sea para las vacaciones de este año ya que me gustaría contarte muchas de las experiencias que he atravesado a lo largo de todo este largo tiempo que no nos hemos visto, de todas formas yo se que hay que tener paciencia y esperar a ver que tal esta el tiempo por los lados suyos sin embargo tenga presente que yo salgo a vacaciones mas o menos el 15 de julio hasta finales de agosto. Se nos reducen un poco las vacaciones ya que este año, paso a tercer año y por lo tanto nos trasladan a cualquier provincia de Cuba por lo que tengo que venir rápido ya que en algunos lados las clases inician más temprano.

Por otro lado te cuento que hace como un mes estuve un poco enferma pues tenia problemas con el útero pero me mandaron un tratamiento y ahora ya estoy mejor aunque a veces tengo algunas molestias pero ya no es nada complicado, otra cosa que te cuento es que la convivencia a mejorado mucho últimamente pues ahora estoy viviendo con 3 Venezolanas,1 Ecuatoriana, 1 Hondureña y 1 Boliviana tratamos de pasarla bien y de apoyarnos las unas a las otras pues acá todos estamos en la misma situación es decir todos estamos lejos de nuestra familia por lo que siempre tratamos de colaborarnos y salir todas adelante. De el resto todo sigue igual es decir lo mismo que ya te he contado en cartas anteriores, hay algunos problemas con el agua, con la comida y servicios pero bueno de todas formas hay que salir adelante y tratar de sobrellevar todo, pues hay que tener claro que es una gran oportunidad para prepararse y de esta forma serle útil a nuestro pueblo que tanto lo necesita además quiero que sepas que desde que se me aprobó la beca siempre tengo el pensamiento que este sueño de ser una doctora, es un compromiso y una responsabilidad que tengo con usted y con toda la gente que a hecho posible que yo este acá en estos momentos por esto cada día que pasa así sea malo o bueno siempre tengo una cara de optimismo y lo único que pienso es en hacer realidad ese sueño tan anhelado.

Cambiando de tema de la familia, desde que me vine de vacaciones no he tenido comunicación con ellos pues al parecer han intentado llamar pero no les cae pues la cobertura por estos lados es mala y además la mayoría de veces la línea esta congestionada, así que lo que le puedo contar es que todos estaban bien, a mi abuela no tuve la oportunidad de verla pero mi tío el pastuso dijo que había tenido algunas recaídas pero eso se debía a la edad.

No lo aburro más con mis cosas pues soy muy mala para las cartas y recuerde que lo quiero muchísimo y que lo único que quiero es que este bien, que se cuide mucho y ojala y podamos entrevistamos este año ya que lo creo justo y necesario pues yo por acá estoy estudiando mucho para no quedarme en nada y a si tener mas tiempito para el tan anhelado encuentro.

Muchas saludes a Yudi y ojala tenga muchos éxitos en sus labores diarias y dile que también tengo muchas ganas de conocerla pues parece muy diferente a las demás.
BESOS Y ABRAZOS, SE DESPIDE LA PERSONA QUE MAS TE QUIERE Y TE APRECIA: TU HIJA la moro"

6 octubre 2007

Estimado Fermín, le envío el saludo cordial extensivo a todos los integrantes de la Flores Magón.

1. Sin inconvenientes podemos recibir al compañero Arturo y quienes quieran de ellos en diciembre, es cuestión de luego precisar fecha y nada más. Está bien que aprovechar el viaje de Arturo a Portugal para circular la carta sobre beligerancia, el manifiesto y demás documentos mencionados en la suya. Recordarle a Arturo nuestro interés en las relaciones con los partidos comunistas de Rusia, donde igual nos interesa dar conocer nuestro pensamiento político expresado en los documentos oficiales ya comentados. Ojala salga cuanto antes impreso el libro del Camarada Jacobo. Cierto la situación en México tiende a complicarse para la oposición revolucionaria a causa de las implicaciones de la réplica del plan Colombia puesto en práctica por el señor Calderón en cumplimiento de las directrices de Bush-Uribe. Gracias por las expresiones solidarias del compañero Arturo.

2.- La desmentida a las acusaciones del vicepresidente y el fiscal colombiano, por la cancillería mexicana deja sin piso la campaña uribista encamina a promover las bondades del plan Colombia con las consabidas calumnias y mentiras propias del gobierno espurio de la para-política colombiana. Cuando prácticamente todos los días aparecen más personajes de la coalición llamados a juicio por su viejo vínculo de las bandas de narcotraficantes y paramilitares al servicio de las políticas contra insurgentes del Estado. El PRD con diputados de la talla de Cuauhtemoc Sandoval dispone de formidables instrumentos de movilización y de lucha contra la abominable treta conformada por Bush, Calderón y Uribe.

3. Bueno el balance porque refleja con claridad la situación de su país, donde los gringos a mi juicio con poca ventaja se proponen asegurar la defensa de sus intereses mediante la explotación, la intervención y el incremento de la represión.

4. Muy buena la resolución especial sobre Colombia el siguiente paso es incluir el nombre del evento y difundirla masivamente.

Abrazos, Raúl

FEBRERO, 16 de 2008
Camarada Raúl:

Reciba junto con ésta un fuerte abrazo extensivo a Gloria, deseando se encuentre bien, sobretodo de salud. Seguidamente le comento.

1-Novedades del frente 48, la muerte de Ever colorado cuando tropas a saltaron una unidad al mando de Olbany se encontraba por los lados de limoncito, una unidad al mando de Edgar se encontraba cerca y lo apoyo sacaron las cosas y el muerto. La deserción de 2 muchachos nuevos por los lados del camarada Benítez sin nada. Por los lados de Teteye deserto Mileidy. Por lados Edgar desertaron 2 nuevos. por los lados de Jon Freddy en combates murieron Eliana, Arnoldo y perdimos 2 fusiles. Llevan 2 operativos seguidos los ecuatorianos por los lados de rancherías y lados donde vive don Mario, nos cogieron el taller y las tropas colombianas también entraron cerca del taller se llevaron unas armas viejas que estaban para reparación.

2-Lo que hemos realizado por donde Benítez en la parte militar no se ha materializado, nada. Por donde Jair, Maubricio, lo del minado teteye donde murieron 10 militares y 16 heridos. Por donde Jon Freddy en combates han muerto 7 militares. Por donde Edgar con franco tiradores 9 militares muertos y 4 heridos 7 voladuras al tuvo, derribada una torre en la Hormiga, 3 torres eléctricas en el alto Putumayo. Por los lados Me caya no habido nada.

3-Nos proyectamos realizar por los lados del trasandino 300 voladuras al tubo, una emboscada al ejercito, estamos preparando explosivo y entrarlo al sitio de trabajo. También tenemos listo para una emboscada cerca de la victoria, lo que nos resulte por donde están las unidades de acuerdo la inteligencia que vayan precisando. También ya tengo 600 granadas ya casi listas pienso en unos 15 días ya estamos trabajando con ese material.

4- En el trabajo de masas están los camaradas trabajando bien, sin novedad en especial van a salir 50 de legados para 22 del presente mes encuentro en el Ecuador. Hay algunos comentarios en este trabajo vamos analizarlos mejor para informarle.

5-En el trabajo de finanzas no hemos podido realizar un negocio bueno, apenas tratando de precisar algunos negocios, hemos hecho cosas pequeñas y la situación sigue dura la de la erradicada y fumigación. Con Marcos hablamos de que nos colaborara si él estaba vendiendo a buen precio nos ayudara estuvo de acuerdo unos pocos cositos en México por cada coso queda de 5.000 dólares libres solo se mandaron 4 y ahí se le mandan 20 mil dólares y seguimos por ese medio tratando a ver si podemos conseguir otros recursos.

6-Otros de los temas es lo de el Uranio hay un señor que me surte de material para el explosivo que preparamos y se llama Belisario y vive en Bogotá es amigo de Jon 40, Efrén oriental, Caliche de la Jacobo, el me mando el muestrario y las especificaciones y proponen vender cada kilo a 2 millones y medios de dólares y que ellos entregan y nosotros miramos a quien le vendemos y que sea el negocio con un gobierno para venderle arto tienen 50 kilos listos y pueden vender mucho más, tiene el contacto directo con los que tienen el producto.

7-Ya a Lucero le oriente que deje las cosas organizada y se alistara con Norto para que se venga, con todo o de civil, pienso que si no hay novedades en 8 días llega al lugar.

8-MARCOS MANDA ESTE DATO HAY SE LO MANDO, LO MAS IMPORTANTE QUE LE QUIERO INFORMAR ES DE UN MINISTRO DE APELLIDO BUSTAMANTE, ES DE LA CIA DATOS DEL NUMERO UNO TU YA SABES QUIEN A MI ME RECIBIERON EN UNA REUNION   Y PREGUN TE POR CURIOSIDAD POR TODOS Y ME DIERON DATOS DE DOS ESTE TIENE OTRO QUE TRABAJA PARA EL COMO SEGUNDO O SUSESOR DE NOMBRE ROLDAN ES DE LA DEA, POR SI HAN HECHO ALGUN ACERDO CON EL MINISTRO BUSTAMANTE TODO ECHARLO ATRÁS QUE ESE ES EL CANAL QUE TIENEN PARA UBICAR AL VECINO SUYO OJO NO HECHE ESTE DATO EN SACO ROTO, QUE ES CIERTO.

9-Hay le mando a Gloria 6 mil dólares y le oriento al camarada Benítez le entregue 13 millones.

Edgar Tovar.

No. 09

4 de agosto 2007.

Camarada Raúl, espero que se encuentren todos muy bien. Le escribo por varias cosas.

Como le comenté en una nota anterior regrese a este México tan bonito y ya me encontré con Fermín y Mario para la reincorporación al trabajo.

En las reuniones que tuvimos me pusieron al tanto de lo ocurrido y las principales tareas que hay por realizar encaminadas principalmente al trabajo de difusión del para- embajador en dos niveles. El institucional y el de propaganda. Afortunadamente este fin de semana existe la posibilidad de encontrar a Gustavo Iruegas y Rosario Ibarra para ver la posibilidad de empujar el trabajo ya existente. Ya retomé los contactos que tenía.

El balance semestral lo va a tener Magón (con Mario) y posteriormente Mario y yo tendremos una reunión para darle una propuesta firme de la forma más adecuada que consideramos realizar para optimizar el trabajo.

Con certeza que eso de pasar la información a inteligencia es una tarea que se tiene que aprender y como bien dice es un arte. Tengo la claridad que él que me tiene que enseñar es usted. No se me haga! si eso es lo que hace usted todos los días. Me esforzaré por conseguir información veraz, pero lo otro espero aprenderle un día de estos.

En México la situación sigue tensa. El Estado esta tratando de aprobar todas las reformas posibles, principalmente la fiscal y la laboral. El movimiento social esta tratando de organizarse pero no se ha podido recuperar y parece que tardara un tiempo largo en consolidar un programa unificado de lucha. Se están realizando cateos por Grupos de Fuerzas Especiales para "buscar" miembros del EPR. Ahora que me encuentre con Pablo le comentaré mas como esta ese proceso.

La postura de Moncayo y el rechazo da mas espacio para seguir con la exigencia del intercambio y por la renuncia de Uribe, cómo va todo esto?

Bueno pues, les mando un abrazotote con un beso. Aleyda.

Subir a la Web y manda a Iván: Está en imprimir.

No. 10

15 de diciembre 2007

Estimado Camarada Raúl, a título de todos los que integramos la Ricardo Flores Magón le envío el saludo fraternal e internacionalista.

1.- En días pasados le envié carta de repudio al embajador Osorio y el Plan México signada por personalidades y organizaciones mexicanas. Gracias al apoyo del abogado González Ruiz dicha carta se publicó en la revista semanal Proceso.
Sobre este asunto le informo que la Procuraduría General de la República (PGR) le publicó a Osorio un libro titulado "El sistema acusatorio en la experiencia colombiana".
Parece que este personaje ha consolidado excelentes relaciones con el titular de esta dependencia, Eduardo Medina Mora, quien ha sido el único funcionario del gobierno de Calderón que se ha pronunciado en contra de las FARC tachándolas de narcotraficantes.

2.- En efecto nuestro país marcha a pasos agigantados a una situación tan crítica como la colombiana, y si todavía quedaban dudas, le informo que hace apenas dos días, el congreso aprobó nuevas reformas a las leyes mexicanas que le permiten a la policía hacer detenciones arbitrarias, arraigos por más de tres días y allanamientos sin orden judicial previa. Sin revisar el libro del para-embajador Osorio deduzco que este va encaminado a recomendar, orientar y justificar medidas como las arriba mencionadas, que en un sentido real, apuntan a la consolidación de un régimen dictatorial como el de Uribe.

3.- En mensaje anterior le consultaba la idea de presentarles cartas de agradecimiento y que expongan la situación actual del canje y la confrontación en Colombia, signadas por usted o como Comisión Internacional, dirigidas a Rosario Ibarra, Edgar Sánchez y Ramón Jiménez. Si está de acuerdo en la propuesta, a la brevedad comenzamos a trabajar los borradores, incluyendo nuevos posibles ejes que pueda usted sugerir.

4.- Que bueno que Aleida llegó sin contratiempos, espero sinceramente que el encuentro con ella sea de lo más fructífero en aras de solucionar problemas que nos aquejan. Por supuesto que aprovecho para pedirle le de nuestros saludos.

5.- Hoy recibí la convocatoria al seminario que organiza el PT año tras año, al final del mensaje se la envío para su conocimiento. Es de destacarse que en la Mesa 4, titulada: "Estudios de caso y temas de coyuntura" figura Colombia como tema a tratar junto a Nicaragua, Venezuela y México.
Le pido me confirme si para esta ocasión también nos corresponde escribir la ponencia.

6.- Le informo que en los trabajos correspondientes a digitalizar las fotos que tenemos bajo nuestro resguardo, he terminado con el inventario, obteniendo la cantidad de 3750 fotografías, sin contar con negativos y diapositivas, que calculo son una cantidad similar. Me apuro a la digitalización para en febrero llevarle todo este material

7.- A los Sevilla no los veo desde hace más de un año, cuando les entregue los equipos de radio que teníamos en nuestro poder. A causa de la reactivación de las acciones militares del EPR creí más conveniente dejarlos de ver con mayor razón, pero atendiendo a su petición a partir de la semana entrante hago el esfuerzo por encontrarlos.

8.- Arturo del Partido de los comunistas, confirmó su asistencia al congreso de la CCB y posterior visita a sus campamentos, de modo que la cantidad de manitos que tendrá con usted se estaría elevando –tentativamente- a 7.
Arturo nos dice que tiene la intención de viajar el 28 de diciembre próximo a Quito con el objetivo de visitarlo. Considerando que ese día es viernes y que posiblemente tendría que esperar hasta el lunes para desplazarse al objetivo final, además de considerar los problemas de comunicación que se han presentado, le recomendé que pospusiera el viaje para las primeras semanas de enero. Quedo en espera de sus consideraciones y orientación sobre este punto.

9.- Sobre los preparativos que hacemos para el viaje de febrero próximo Mario me comenta que por medio de Gabriela le informan que existe la disponibiiidad del Camarada Iván de solventar el viaje de uno de nosotros, ojalá y nos pudiera confirmar esta información y darnos mayores indicaciones.
Actualmente disponemos de $5600 (como 560 dls.) en el fondo correspondiente a la Cominter, y por acá estábamos pensando en la posibilidad de disponer de este dinero para ayudarnos en la financiación del viaje, obviamente contando con su visto bueno ¿seria posible esto?

Sin más por el momento me despido enviándole el fraterno abrazo de siempre, también va el saludo afectivo para los camaradas de la Compañía Pedro Martínez.
Atentamente.
Fermín.

No. 11

12.12.07
Apreciado Fermín, reciba nuestro fraterno saludo comunista y bolivariano, extensivo al resto de integrantes de las Flores Magón.
1-Le pido escanear el archivo de fotos existentes allá, quemarlo en un CD, dejar una copia en su poder y traer otra cuando nos visite el próximo año.
2- Sigo a la expectativa de conocer la respuesta de los Sevilla. Mi interés particular con estos amigos, es conseguir su ayuda técnica para interferir emisoras o la tv. Si están perdidos, le pido volver a conversar con ellos, saludarlos en mi nombre y les plantearles el tema, por si ellos disponen de los medios para estos fines, emprender nosotros la adquisición de los implementos.
3-De gran trascendencia que doña Rosario Ibarra y su eficaz secretario mantengan invariable su disposición de ayudar a presionar por el canje. En este sentido es válido respaldar la iniciativa de la Asamblea Legislativa con documentos difundidos por todos los medios y al mismo tiempo condenar la decisión de Uribe de terminar con la labor facilitadora de Chávez y Córdoba.
4-Será muy productiva su presencia aquí, junto a las cinco personas más, con el transcurrir de los días y el desarrollo de la confrontación, precisamos los pormenores. Procedo a preguntar a Iván, su inquietud sobre fechas y las necesidades logísticas solicitadas.
5-Bastante bueno y oportuno el artículo para la web escrito por Adolfo.
6. Aleyda ratifica total compromiso y disposición de ayudar en lo que se le pida, igual explica su romance con el chico. Le hice las recomendaciones de seguridad del caso y le dije que seguimos recabando mayor información sobre su príncipe azul.
Es todo por ahora. Abrazos, Raúl

Ru58
8 de diciembre de 2007

Camarada Raúl, todos por acá esperamos sinceramente se encuentre bien y librando exitosamente los operativos militares que los aquejan.

1.-Sigo buscando a Doña Rosario Ibarra y su secretario Edgar quienes a pesar del nuevo escenario que hay con respecto al canje siguen con la disposición de ayudar.
El Punto de acuerdo que Adolfo trabaja en la Asamblea Legislativa de la Ciudad de México, además de respaldar la iniciativa de doña Rosario en el senado, incluye una condena a la decisión de Uribe de terminar con la labor mediadora de Chávez y Piedad C.
Con la camarada Tania hemos coordinado en los tiempos que creímos más convenientes la publicación en la página web de los documentos.
Le envío para su conocimiento y para página web la carta con las firmas de respaldo. Ya trabajamos los artículos sobre este mismo asunto, en el transcurso de la siguiente semana se los envío.

2.- En nuestra última reunión de célula comenzamos a organizar el viaje para finales de febrero a Quito al congreso de la CCB y a visitarlo a usted. Tentativamente estaríamos. viajando 6 personas. cuatro del partido y dos compañeros más del núcleo de apoyo.
Los camaradas del bloque Caribe mandaron decir con Gabriela que se requería de apoyo previo al congreso para cuestiones de logística y organización, dos de nosotros podríamos hacer eso y llegar desde antes, pero necesitamos de su ayuda para saber en qué fechas exactamente se necesita, ojala y usted nos pueda informar bien y así organizar el calendario e itinerario.

3.- Aleida va en camino a visitarlo, entiendo que por problemas de coordinación con Pablo, Mario finalmente no pudo hacer el viaje. Comente con ella sus dificultades para comunicarse y poder definir el viaje de los amigos sindicalistas que se disponían a visitarlo, desafortunadamente estas personas llegaron hasta la gabarra sin poder hacer contacto con ustedes.

4.- Le envío artículo para la web escrito por Adolfo.

Sin más por el momento me despido enviándole un fuerte abrazo junto a todos nuestros buenos deseos.
Atentamente Fermín.

BC317
29.11.07
Estimado Camarada Raúl. Reciba fraterno saludo en unión de todos los camaradas que lo acompañan.

Hoy estoy feliz de escuchar a mi mamá al radio y por recibir su nota. Ya me tenían con el corazón en la mano.

1- Me extraña igualmente que Gloria no haya visto el mensaje si estaba igualmente con el otro que se llamaba DOS, en el mismo mensaje coloque los dos mensajes el Dos y el Buenos (este archivo contenía los tres mensajes grandes que iban para usted), los deje en un solo mensaje para que le quedara mas fácil de bajar. En el correo le deje nota a ella para que revisara antes de borrar y se diera cuenta que estaba ahí desde ayer, porque hoy no había llegado sino esas dos notas que le mande en el BC316. Apenas mi mamá me dijo que faltaba ese archivo mire y allí estaba lo baje del mismo Internet para subirle inmediatamente porque ya lo había borrado arreglado.

2- El himno lo pueden escuchar dando clip en el escudo que esta en la parte superior de la pagina, la misma Gloria solicito que se pusiera ahí. (el escudo esta en la parte superior de la pagina principal y seguido están las letras de FARC-EP). Igualmente apenas abre otra página de alguna sección o artículo en la parte superior aparece el escudo con las banderas y ahí también puede escuchar el himno.

3- Repetí el mensaje Arco20, con nota que confirme recibo. Los mensajes arco, Andrea y Carlos, se mandan inmediatamente se reciben los suyos porque como no hay que hacerles nada ahí mismo entramos a las direcciones de ellos y se dejan ahí, igualmente cuando ellos mandan se mandan ahí mismo al correo de ustedes.

4- Entendida la orientación con el articulo de los Demócratas.

5- Todos los mensajes firmado por la Senadora Rosario Ibarra, fueron enviados a todas las direcciones y se subieron a la página Web. Igualmente los mensajes enviados por Ingrid.

6- En el mensaje de ayer le anunciaba que había mandado un mensaje a Aleyda, cuando fui a subir lo que había para allá vi que ustedes habían revisado así que no mande el de Aleyda.

Abrazos, Tania

Camarada Fermín, retorno fraternal saludo junto al de todos los integrantes de la Compañía Pedro Martínez extensivo a quienes, integran la Flores Magón.

1-Destacable la labor de solidaridad de la Senadora Rosario Ibarra con nuestra lucha al liderar el acuerdo que en tan buena hora fue presentado y debatido por ella y sus aliados en el propósito de impulsa del acuerdo humanitario y las salidas concertadas a la crisis colombiana. La Jornada sí ha publicado con buen despliegue aspectos de este tema, donde además el Embajador, Luis Camilo Osorio no sabe bien librado por su incontrovertible vínculo histórico con las bandas gobernantes.

2-Razón tuvieron los clásicos al predecir que la religión es el opio de los pueblos. Por ello donde pueden los curitas tratan de sabotear salidas progresistas que en su criterio conservador afecte intereses de los grandes capitales, finalmente son parte del engranaje estatal del Régimen.

3- Cada que recibo y leo sus informes respecto de la situación en su país la encuentro más parecida al mío, en que tanto las oligarquías de allá como las de aquí, defienden iguales intereses y para ello son capaces de lo indecible, fuera de contar con la bendición de la Casa Blanca. No obstante a esta realidad y traba al mismo tiempo, el futuro es de los pueblos y el socialismo la solución definitiva al cáncer de la explotación, la expoliación, la represión y la indignad del Régimen gobernante.

4-De otra parte, lo ideal hubiera sido la victoria del sí en Venezuela, pero en política cualquier cosa adversa puede suceder. Recuerde cuando Uribe también perdió el Referendo con lo que buscaba su reelección, pero luego la impuso con apoyo de su bancada de pícaros en el Congreso. En Venezuela es otra la situación y distintos los objetivos, pero Chávez, igual cuenta con la mayoría en su Congreso y dispone de varios años para consolidar su política bolivariana, pese a las trabas interpuestas por los imperios y las oligarquías del mundo en las que Uribe juega un peligroso rol en su contra. Chávez puede ser reelecto en la próxima contienda electoral. Las oligarquías venezolana y colombiana aliadas naturales de los imperios proseguirán en sus planes agresivos y desestabilizadores en procura de obstaculizar el proceso revolucionario de ese país. Lenin en su tiempo, pronostico que una revolución vale si sabe defenderse de sus agresores liderados por el imperialismo. Además espera uno corrijan, los errores de conducción, dando mayor atención al pueblo, cumpliendo así la exigencia del Libertador de garantizar la mayor felicidad posible a la población. Chávez perdió una batalla pero no perdido la guerra con los enemigos de clase de su pueblo.

5- Uribe con su treta de pícaros acabaron con la formidable labor facilitadora de Chávez y Piedad y ahora pretende remendar su marranada acudiendo para ello a la ayuda del Presidente Sarkozy que nada podrá hacer sin antes conseguir el despeje de Pradera y Florida. Está claro que las FARC de ninguna manera aceptan entrevistas con nadie del gobierno de la para-política sin el previo despeje de los municipios mencionados. Está demostrado ante el mundo que Uribe no está programado para firmar acuerdos con la insurgencia, su enfermiza obsesión es liquidarla y someterla por la fuerza a sus indignas como inaceptables políticas.

Sin otros comentarios por ahora. Más abrazos, Raúl

No. 14

Ru56
19 de noviembre 2007

Camarada Raúl, desde México le hago llegar el saludo internacionalista y fraternal de todos los integrantes de la Ricardo Flores Magón.

1.- Le informo que fue hasta el domingo pasado que algunos periódicos retomaron la noticia del punto de acuerdo presentado en el senado por Doña Rosario, La Jornada fue uno de estos.
El mismo día domingo Andrés Manuel López Obrador convocó a un mitin en el zócalo de la ciudad de México para rendir su "1er informe de gobierno legítimo". Las campanas de la catedral que está en la misma plaza pública no dejaron de repicar por más de 15 minutos, lo que fue interpretado por AMLO y los asistentes al acto político como una provocación. Doña Rosario fue oradora del mencionado acto y defendió a los manifestantes que entraron a la catedral a intentar silenciar el repiqueteo de las campanas; la declaración de la Senadora fue motivo de que se le demandara legalmente por promover "agresiones contra el recinto religioso e impedir la libertad de culto".
Un aspecto positivo fue que en su intervención del zócalo hizo mención de la intervención del narco gobierno colombiano en asuntos de política interna mexicana. A continuación le anexo el extracto:

"La subordinación a la política de Estados Unidos por parte del gobierno usurpador también lleva a permitir la intromisión y actuación de fuerzas armadas y policíacas extranjeras en México, como se ha denunciado con motivo de la Iniciativa Mérida. el diseño un Plan México similar al Plan Colombia e incluso la actuación de agentes colombianos en suelo mexicano."

Considero que sería importante hacerle llegar cartas suyas a la Senadora Rosario, a Edgar Sánchez y al diputado Ramón Jiménez en reconocimiento a su labor en la campaña de rechazo a Osorio y por sus intervenciones a favor del Canje de Prisioneros. Sí está de acuerdo con esta propuesta, lo antes posible le hago llegar los borradores de dichas cartas para su revisión y aprobación. Por medio de las mismas podemos aprovechar para invitarlos a que lo visiten en sus campamentos.

2.- Le anexo al final el balance de la situación nacional elaborado por Marcelo.

3.- Le envío nuevo boletín de prensa sobre el punto de acuerdo en el senado para su conocimiento y publicación en la página web.

Sin más por el momento me despido enviándole fuerte abrazo y los mejores deseos en el cumplimiento de sus tareas revolucionarias.
Atte.
Fermín.

No. 15

Noviembre, 19 de 2007
Apreciado Camarada Fermín, reciba mi cordial saludo con pase, a toda la Ricardo Flores Magón.
1-Felicitaciones por conseguir de la Senadora Rosario Ibarra la presentación en la plenaria del Senado de su formidable documento de solidaridad con la lucha revolucionaria del pueblo colombiano. Valioso instrumento de denuncia de la violencia estatal y de presión por los cambios sociales, económicos y políticos, en los que incluye el canje de prisioneros y la búsqueda de la paz con justicia social. El apoyo a la Senadora de la totalidad de bancada parlamentaria del PT posibilita mayores logros. Apenas obvias las insensatas reacciones de las derechas de México y de Colombia, cuando existe total sintonía en sus oprobiosos planes de represión, saqueo, explotación y entrega del retazo de soberanía a los imperios.
2-Seguramente Usted a su debido tiempo coordinó con Tania la difusión del documento en mención por todos los medios a nuestro alcance, como le pedí antes.
Conviene además escribir unos dos o tres artículos sobre la transcendencia del pronunciamiento de la Senadora y de quienes adhieran desde el congreso, los partidos políticos y otras organizaciones sociales y populares. Positivo el impulso que pueda darle a este esfuerzo el Diputado Ramón Jiménez de la Asamblea Legislativa de la ciudad de México, así como las cartas de respaldo de otras personalidades, fuera de las que ya están circulando entre organizaciones y personalidades mexicanas.
3-Me propongo conversar detalladamente el tema Aleyda con Luis y lo mismo con ella, porque si nuestras relaciones de pareja afectan o ponen en riesgo los planes de la Organización, la seguridad de sus integrantes o de quienes nos ayudan estamos obligados a tomar los correctivos del caso.
Finalmente, sepa que a causa de las operaciones militares nos fue imposible comunicarnos y responder antes como queríamos. Son diez días sin comunicarnos. Me preocupan los amigos de Aleyda que estaban organizando su viaje pero no fue posible confirmar nada por lo mismo. Espero no hayan emprendido el viaje sin antes contar con mi ratificación. Le pido, explicar a Aleyda lo sucedido y que luego escribo mayores elementos.
Es todo por ahora. Abrazos, Raúl

No. 16

21.10.07

Hola apreciada y admirada Teodora:

La saludo con fuerte abrazo junto al deseo de bienestar y muchos éxitos en tan diversas actividades a su cargo. Un poco extrañado por tan largo silencio, aunque conozco el cúmulo de circunstancias que consumen buena parte de su tiempo.

Con respecto a la formidable labor facilitadora del presidente Chávez, apoyado en la senadora Córdoba, debo expresar todo nuestro reconocimiento a su tenaz esfuerzo por conseguir el entendimiento entre las partes contendientes, Gobierno y FARC para concretar el ansiado propósito de conseguir la firma del Acuerdo Humanitario. Nos estimula en casa cada una de las acciones políticas, adelantadas por estos dos entrañables amigos tanto en Colombia como en el exterior. Sin desconocer desde luego la desidia del presidente Uribe y de todo su equipo de faranduleros del gobierno. Pero, claro nada de esto nos puede extrañar ni desanimar en los fines propuestos cuando el futuro nos pertenece y modestia aparte somos protagonistas principales del destino próspero de nuestra atribulada Colombia.

En función de contribuir en ampliar cada vez más los espacios internacionales favorables a las salidas políticas al conflicto interno colombiano, empezando por el Canje de prisioneros, mantenemos contactos fluidos con amigos congresistas de México y otros países a quienes hemos pedido invitar a la senadora Piedad Córdoba a exponer los logros, las proyecciones y las dificultades de la tarea de facilitadora junto al presidente Chávez. Pensando además en la posibilidad de aprovechar el viaje en efectuar distintas entrevista con congresistas, políticos y hasta organizaciones sociales, a fin de pedirles su apoyo público a su noble gestión, además de las consideraciones políticas en beneficio del mismo objetivo.

A lo mejor conoce a la senadora Rosario Ibarra, esta amiga apoyada en otros congresistas y amigos políticos del pueblo azteca, está dispuesta a invitarla a su país. En cualquier momento la llamarán o escribirán para concertar directamente con usted todos los detalles del viaje, como agenda, tiempo y demás. Es posible que inviten también a su colega Gloria Inés Ramírez, usted será quien decide si es pertinente ir las dos senadoras o si mejor ella se queda en la reserva para otra oportunidad.

Quiero decirle que si le gusta la idea de lo relacionado con México, me dice porque tenemos condiciones de contribuir con lo mismo en otros países, en iguales niveles. Se trata también de aprovechar la expectativa generada en torno al exitoso papel de facilitación, promoviendo más a una de las principales protagonistas, obviamente con visión de futuro.

Igual, como sabe, los dos Jefes mantienen fluida comunicación epistolar y a mi juicio las cosas sí están avanzando esperanzadoras, seguramente no con la rapidez que tanto Usted como Yo quisiéramos, pero las condiciones propias de nuestro quehacer diario lo impiden. Con todo, le cuento que nuestro Jefe está satisfecho de los logros obtenidos. El hombre considera que vamos bien y sabe perfectamente que nada de esto es fácil, pero tiene claros los fines buscados.

Conoce las sandeces difundidas por los agoreros de la Casa de Nariño, diciendo que aquí no existe voluntad en el Intercambio y que dejarán colgados de la brocha a los facilitadores, entre otros delirios propios de su infame proceder.

De otra parte, Leyva en nota reciente, elogia el bueno trabajo facilitador de la senadora, a quien califica de "verraca" y pregunta en qué puede contribuir para lograr el despeje tantas veces negado por Uribe a sabiendas de las serias dificultades del gobierno que pueden forzarlo a cambiar su posición. Se le dijo que toda forma de presión por el Canje favorece los propósitos buscados y le sugerimos, concertar una entrevista con la senadora en la idea de intercambios de opiniones entre los dos, señalándole la conveniencia de sumar las fuerzas ocupadas de viabilizar las salidas políticas a la crisis institucional y de gobernabilidad existente, empezando por conseguir la liberación de la totalidad de los canjeables en poder de las dos partes.

Bueno, quiera comentarle mucho más de lo que mueve y piensa por estos lados, pero me vuelvo interminable, prefiero esperar para cuando nos volvamos a ver. Del periodista nada más conozco, está perdido, a lo mejor demasiado ocupado en darle ayuda, de ser así, muy bien. Los amigos gringos también me piden organizar conversaciones con Usted, uno de ellos que estuvo por Bogotá y conoce el periodista lamenta no haberla conocido en su viaje.

Saludos calurosos de todas sus conocidas y conocidos.

Le mando otro gran abrazo, quedando a la espera de sus comentarios.

Atentamente, Daniel

No. 17

Ru45
26 de septiembre de 2007

Camarada, le envío a nombre de la Ricardo Flores Magón el saludo fraternal e internacionalista deseándole se encuentre muy bien.

1.- Le informo que la compañera Alejandra que lleva el paquete a Cuba estará en la Habana del 26 al 29 del presente mes y estará hospedada en el hotel Melía Habana.

2.-Recién fuimos Aleida y yo a visitar a Juan Campos quien le dio el visto bueno al punto de acuerdo que habremos de meter en el Senado de la República (el documento se lo anexo al final).
El abogado González Ruiz le comunicó a Adolfo su desacuerdo en meter este documento, por considerar que es muy laxo y porque en nada compromete a Osorio.
Juan C. menciona algo importante a considerar y es que un acuerdo como el que le anexo es muy probable que sea aprobado, y con mayor razón si contemplamos el favorable ambiente internacional para introducir el tema colombiano a instancias parlamentarias mexicanas, pero también es muy probable que posteriormente venga una retaliación de las fracciones de derecha (que son la mayoría) con otro punto de acuerdo sobre el terrorismo y toda esa basura que suelen pregonar, que en definitiva sería un revés para nosotros y un espaldarazo a la para-política de Uribe.
El compañero Juan nos indica que independientemente de que se apruebe o no el documento, el simple hecho de que haya sido introducido por algún senador –en este caso por Rosario Ibarra- ya nos da elementos para agitar el asunto propagandísticamente. En síntesis, es irnos a la grande, a pesar de que no se apruebe nada y ahí quedarnos o darle más bola al asunto y mirar consecuencias. Quedo en espera de su opinión y orientación.
Le comento que nos estamos dando cuenta que desconocemos bastante del medio en que nos estamos metiendo, sin duda una experiencia totalmente nueva con la que tendremos que lidiar, puesto que es nuestro propósito allegarnos a otros parlamentarios.
Le he comentado a Aleida que sería importante encontrar a Gustavo Carvajal y estoy pensando en acudir con Rubén Montedónico para que nos oriente un poco y ayude a llegar con personas susceptibles al tema.

3.-Por cierto, la última vez que vi al señor Montedónico me entregó un paquete como con una docena de pasaportes mexicanos, todos vencidos, como de los años 80, muy misterioso los dejó sobre la mesa donde estábamos conversando para que los tomara una vez habiéndose él retirado, después me dijo que si le podíamos ayudar a corroborar si son falsos o buenos. Honestamente me desconcertó un poco y como no está en nuestras manos hacer lo que nos pide se los voy a devolver en la próxima oportunidad.

4.- Nuevamente a dos cuentas de correo electrónico públicas que tenemos nos llegó la oferta de ayuda, insinuándonos donaciones de dinero, supuestamente de una persona de las "altas esferas del gobierno federal". Lo más seguro es que se trate nuevamente de una treta para endilgarnos dinero sucio y criminalizarnos, con el agregado de tratarse de alguien del gobierno de ultraderecha de este país. Por mi parte estoy en la disposición de frentear a estas personas, para salir de dudas y si dan la cara darnos una idea de que quieren. Usted que opina?

4.- Sobre la compañera Rosario Ibarra le informo lo siguiente: Ella es muy reconocida en el medio de la defensa de los derechos humanos; un hijo suyo fue desaparecido en los años 70 y desde entonces sostiene una prolongada lucha por esta causa, la de los desparecidos y presos políticos. En 1988 fue candidata a la presidencia de la República por parte del Partido Revolucionario de los Trabajadores (PRT) de tendencia troskysta, cediendo finalmente sus votos a Cuauhtemoc Cárdenas, que legítimamente ganó las elecciones de aquel entonces. En las elecciones del año pasado contendió por el Partido de la Revolución Democrática (PRD), ganando el cargo de senadora. Desde que ocupó el cargo doña Rosario ha fungido como senadora independiente, marcando cierta distancia del PRD, actualmente es de la fracción parlamentaria del Partido del Trabajo (PT) y le ha dado bastante cabida a las iniciativas del PRT que a la fecha es un partido marginal y sin registro.
Es por medio de Edgar Sánchez —Secretario General del PRT y actual secretario particular de Doña Rosario- es que comenzamos a realizar esta labor.
La senadora se mostró bastante afable y receptiva en la platica que sostuvimos, demostró no tener mucha información del caso colombiano, pero eso es una tarea que comenzaremos a hacer.
El compromiso importante que conseguimos con ella fue que introdujera el punto de acuerdo al senado.

5.- Quedamos en espera del Manifiesto Proclamar para su pronta y amplia difusión.

6.- Estaremos muy pendientes de la reunión del Presidente Chávez con el miembro designado del Secretariado. Sin duda alguna esto será un acontecimiento histórico importante que ojala y preceda al encuentro de Chávez con el Comandante en Jefe.

Me despido enviándole un fuerte y caluroso abrazo.
Atentamente, Fermín.

20 de Septiembre 2007

Camarada Fermín, le retorno mi cordial saludo revolucionario, extensivo a todos y todas, integrantes de la Flores Magón.

1.- Todo lo que podamos hacer en golpear y desenmascarar los tentáculos del gobierno de la para-política, contribuye a debilitar la treta gobernante. En este sentido es significativa la ayuda del abogado y catedrático, Enrique González Ruíz, en la tarea política de desnudar la calaña de Luis Camilo Osorio Isaza. Un buen documento, con amplia difusión lacera la imagen del siniestro personaje y apuntala el carácter espurio del gobierno de la ultraderecha colombiana. Realmente con ésta campaña se obtienen importantes utilidades políticas en diversos campos de nuestro accionar. El compañero Juan Campos, nos prestaba buena solidaridad, importante volverlo a contactar. Quedo a la espera del documento mencionado y pendiente de conocer los resultados de su acercamiento con la senadora, Rosario Ibarra.
Pese a las dificultades, obvias existe buen ambiente para trabajar los temas de canje y de reconocimiento de fuerza beligerante. Insistir en exigir las garantías para la Cumbre Chávez- Marulanda, en Colombia, tiene ese objetivo.

2.- Espera uno del ELN coherencia en su pedido de interponer buenos oficios para "terminar con la guerra fratricida entre revolucionarios". Por lo menos con tres bloques de frentes nuestros, han buscado acercamientos con el compromiso de suspender sus hostilidades con nuestra Organización, lo cual se aceptamos confiados en su seriedad y cumplimiento. En verdad los nuevos acontecimientos políticos adversos para ellos y favorables para nosotros, los llevan a reflexionar sobre la grave y costosa equivocación.
3. En próximos días le mandamos un Manifiesto o Proclama, para su inmediata difusión y estudio. Este documento, más la carta de Beligerancia y la anterior carta del Secretariado a los gobiernos del Mundo contienen elementos muy bien sustentados sobre la realidad colombiana, nuestras propuestas y objetivos de mediano y largo alcance.
4. El liderazgo de Chávez y la resistencia de las FARC se complementan en propósitos comunes a los dos procesos con incidencia favorable a los demás pueblos de nuestra región. El clamor a favor del canje sentido en México, también lo sienten en Argentina y en general en todo el Continente. Aunque, Uribe mantiene invariable su equivocada pretensión de forzar a las FARC a ceder en la exigencia de los municipios despejados para dar inicio a los diálogos hacia el Canje. Además sigue en su campaña de mentiras, calumnias y amenazas, hecho que no permite hacernos muchas ilusiones en los acuerdos pero, por encima de lo que diga y haga el gobierno, la tarea es insistir en las garantías para el encuentro de los comandantes Chávez-Marulanda, o el despeje de Pradera y Florida. Sí, la

mezquindad y la soberbia de Uribe le impide invertir en el despeje, se lo llevó el que lo trajo porque las FARC mantienen inexorable la exigencia de garantías. En proporción a la negativa presidencial a la solución de un tema de interés internacional, sumado a los ruidos por la para-política y el creciente descontento popular, favorece la lucha por exigir la inmediata renuncia del Presidente con sus compinches para dar cabida a un nuevo gobierno pluralista, garante de las salidas políticas.

5. Mi actual ubicación geográfica, complica acudir a la entrevista pendiente, serían mayores los riesgos y largo el tiempo de su realización. La definición es que la atienda otro camarada del Secretariado. Muchas gracias camaradas.

Les mando más abrazos, Raúl

No. 19

Para: Raúl
De: Fermín
28 dic. 2004

Reciba de la célula Ricardo Flores Magón nuestro más fraterno saludo.
Realizamos el día de ayer la reunión mensual de nuestra célula, de la cual envío
los informes.

1.- Seguimos preparando la campaña de solidaridad con el camarada Simón
Trinidad, distribuyendo las cartas que envíe en mensaje anterior, así como en la
recolección de firmas de partidos, organizaciones, etc. En repudio a la extradición
del camarada. Por otro lado surgió la duda generalizada de si tendríamos que
incluir en esta campaña al camarada Ricardo. La duda surge sobre todo, por la
falta de un pronunciamiento de la organización y de una orientación al respecto.
Pero manifestamos toda nuestra solidaridad internacionalista para con el
camarada Ricardo.
Estamos preparando bonos para recaudar fondos exclusivamente para Simón
Trinidad y para los primeros días del mes próximo buscaremos a la gente del
Partido del Trabajo para que nos colaboren con carteles, pegotes y demás
propaganda.
Platicamos con Frida que es la delegada de la CCB en México y que es abogada,
ella nos ha orientado para saber con quien asistir y nos dijo que acudiéramos a las
siguientes instancias:
a) ANAD Asociación Nacional de Abogados Democráticos, Frida y el presidente de
la Federación de Estudiantes de Nayarit (FEN), Jorge Amando pertenecen a esta
organización y ambas personas son bastante confiables y amigas
b) Familia Placido-Ochoa. Ellos son familiares de Digna Ochoa, abogada
asesinada por el régimen mexicano. Digna se dedicaba a la defensa de
luchadores sociales y guerrilleros del EPR
c) Comité Cerezo. Ellos tienen bastantes contactos a nivel internacional y su
principal demanda es la defensa de tres estudiantes y un indígena encarcelados
acusados de pertenecer a una organización insurgente.
d) Eureka, dirigida por Rosario Ibarra de Piedra. Se dedican a la defensa de los
derechos humanos y a exigir el esclarecimiento de los desaparecidos en México
durante la guerra sucia.
e) FEDEFAM Organización de carácter internacional con sede en Caracas. Su
objetivo es la lucha en pro de los presos políticos y de los desaparecidos. Nos dio
el nombre de Judith Galarza con el numero telefónico 2 12 56 40 503 en Caracas
Venezuela.

2.- Están próximos dos eventos a los cuales consideramos seria bueno presentar un saludo de la Cominter. Segundo Dialogo Nacional que agrupa a todas las organizaciones de izquierda en México y a los sindicatos democráticos 5 de febrero. El segundo evento es el primer congreso de la Juventud Comunista Mexicana del Partido de los Comunistas. Este evento es importante para nosotros acá por el gran apoyo que hemos recibido de los dirigentes de la Juventud comunista.

3.- Acordamos comenzar a investigar los requerimiento para que el Centro de Documentación Simón Bolívar tenga personería jurídica, lo que nos permitiría – entre otras cosas- sacar una cuenta bancaria que necesitamos para recibir dinero de otros estados de la república. Como parte de este mismo esfuerzo comenzamos a organizar lo que para los dos primeros meses del año próximo sea una pequeña publicación que recopile todos los comunicados, partes de guerra, cartas, etc. que emitió la organización durante el 2004, la idea es que sea una edición critica, por lo que a la brevedad comenzaremos a enviar los documentos de análisis y comentarios que vayamos produciendo, para su debida revisión.

4.- Del viaje que hicimos hace un año al campamento del camarada Iván trajimos el video del lanzamiento del Movimiento Bolivariano por la Nueva Colombia que muestra los discursos de los camaradas Manuel y Alfonso C. Pedimos su autorización para su reproducción y difusión.

5.- Los compañeros de là FEN a cargo de Valentina, presentaron la revista resistencia en Guadalajara y en Colima

6.-Realizamos el balance anual sobre la bese del plan de trabajo que se nos envió. Los resultados fueron los siguientes:
No hicimos ningún trabajo con agentes del gobierno mexicano para el punto de conseguir el reconocimiento de fuerza beligerante, en cambio este punto fue difundido fuertemente en nuestro trabajo propagandístico, así como la propuesta de canje de prisioneros. Ahora tenemos como resultado que en las organizaciones populares se tiene un conocimiento cada vez mejor de esta propuesta. Este trabajo también nos sirvió bastante para iniciar la campaña de solidaridad con Simón Trinidad, pues ya esta la propuesta de canje como antecedente.
Tuvimos presencia en el seminario del PT y en el 1er Congreso bolivariano de los Pueblos en México, solo en el primero se presentó una ponencia de la Cominter. Participamos en cuatro ocasiones en conferencias al lado de Lino Martínez, embajador de Venezuela en México.
Hemos conseguido que en foros y organizaciones en contra del ALCA y el Plan Puebla Panamá se incluya el Plan Colombia, ya que hace un año del Plan Colombia no se quería hablar, por temor e ignorancia.
Hemos consolidado un referente de consecuencia con el ideal bolivariano, solidarizándonos con Cuba, Venezuela e Irak, al grado que tenemos una buena aceptación e incluso somos requeridos por un sector considerable de personas que conforman el Movimiento de solidaridad con Cuba en México.

Consideramos que falta impulsar mas la propuesta de darle una salida político dialogada al conflicto colombiano, así como la conformación del nuevo gobierno. En la denuncia y caracterización del gobierno de AUV como fascista y paramilitar hemos ganado bastante terreno, incluso un periodista y formador de opinión publica como José Steinsleger ya utiliza nuestro mismo discurso, al referirse al gobierno de AUV.

En el trabajo de Centro de documentación Simón Bolívar con el camarada Abelardo como responsable se comenzó a impulsar muy tardíamente (hace dos meses) al igual que la cátedra bolivariana, de la cual no tenemos ningún resultado.

Sobre los bienes de la organización en México aun falta que la camarada Valentina termine de juntar un dinero de cosas que se vendieron, pero para próximas fechas ella entregara un informe sobre eso.

Sobre el trabajo de distribución de la revista, que es mi responsabilidad, tenemos que aun falta mejorar los tiempos de distribución, a la fecha falta entregarla a los principales medios de comunicación en México, pues solo hemos cubierto las embajadas y los contactos políticos que tenemos. También comentamos que desde acá tenemos que enviar la revista a otros países, para lo cual seguimos esperando su orientación.

Comentamos que algo que nos ha funcionado bastante es un boletín que sacamos cada tres meses, es decir, 4 números al año. Este trabajo ha cubierto bastante bien la falta de la revista, pero consideramos que seria bastante bueno tener su opinión al respecto para lo cual le envío el boletín #10

7.- Por ultimo el Negro nos informo que sale de México para el mes entrante

Sin más por el momento me despido. Fermín

A

ACTIVIDADES, CONTACTOS E INTERÉS ESTRATÉGICO DE LAS FARC EN MÉXICO

En los últimos años, se ha identificado una continua plataforma de apoyo a las FARC en México por parte de sectores radicales de izquierda, que han generado toda una campaña de desprestigio en contra del Gobierno Colombiano y de identidad con el grupo terrorista, facilitando la reactivación de escenarios internacionales que favorezcan su imagen seudo política y motiven su reconocimiento de beligerancia.

Si bien existe la presencia de representantes directos de las FARC en México, la estructura de apoyo a la organización terrorista es liderada por ciudadanos mexicanos que integran la denominada **Célula Ricardo Flores Magón** en cabeza de una persona que se identifica como Fermín, la cual recibe instrucciones y mantenía contactos permanentes con Raúl Reyes.

A través de esta estructura, las FARC aglutina los siguientes movimientos que confirman el componente de la Comisión internacional de las FARC en México: El Núcleo Mexicano de Apoyo a las FARC, el Movimiento Mexicano de Solidaridad con las luchas del Pueblo Colombiano, el Centro de Documentación y Difusión Libertador Simón Bolívar y la Coordinadora Continental Bolivariana, Capitulo México.

Si bien actualmente la Coordinadora Continental Bolivariana constituye el mecanismo de expansión y recomposición del trabajo internacional de la organización terrorista, a través de los diferentes capítulos del Movimiento en Chile, Ecuador, Venezuela, Perú, Bolivia y República Dominicana, **México** viene registrando un escenario de especial atención a partir de la amplia estructura que favorece los intereses del grupo terrorista en ese país y la preparación terrorista que reciben varios de sus integrantes en campamentos de las FARC en Colombia, especialmente del extinto Raúl Reyes en la frontera con Ecuador.

Consolidación de grupos de apoyo abierto a las FARC

Durante la permanencia de la Comisión Internacional en cabeza de alias **Marcos León Calarcá y Olga Lucía Marín en México**, la cual culminó con la expulsión de los guerrilleros por parte del ex Presidente Vicente Fox en febrero del 2002, el grupo terrorista logró afianzar amplios contactos con sectores radicales de izquierda, que actualmente articulan una importante estructura de apoyo a través de las siguientes figuras:

Movimiento Mexicano de Solidaridad con las Luchas del Pueblo Colombiano: Conformado el 25 de marzo de 2002 con el nombre inicial de Comité de Solidaridad con el Pueblo de Colombia e integrado por las siguientes organizaciones:

1. Movimiento de Lucha Popular (MLP)
2. Partido del Trabajo (PT)
3. Partido Popular Socialista (PPS)
4. Partido Revolucionario de los Trabajadores Convergencia Socialista
5. Partido de los Comunistas (Partido Comunista Mexicano y Juventud Comunista de México)
6. **Centro de Documentación y Difusión Libertador Simón Bolívar**

- **Núcleo Mexicano de Apoyo a las FARC-EP (NMAFARC-EP)**: Conformado por estudiantes de las facultades de Ciencias Políticas y de filosofía y Letras de la Universidad Nacional Autónoma de México (UNAM) y la UAM- Iztapalapa. Su sede en encuentra en el cubículo "Libertador Simón Bolívar" de la UNAM.

Mantienen una permanente actividad propagandística a favor de las FARC, a través de la elaboración de la revista Resistencia Internacional, la emisión de películas, conferencias, periódicos y noticias a través de Internet en apoyo al grupo terrorista.

Sus dirigentes son Dagoberto Díaz alias Tiwi, Mariana López de la Vega y Juan González, quienes orientan las diferentes actividades a favor de las FARC a través de 5 representaciones regionales en México (Zona Centro, Sur, occidente, Norte y del Golfo). Su órgano de difusión es el boletín "Voz Bolivariana".

En la operación realizada el 1 de marzo de 2008 contra el campamento de Raúl Reyes en Ecuador, se conoció que varios estudiantes universitarios integrantes de esta movimiento se encontraban con el cabecilla guerrillero, después de participar en el Segundo congreso de la Coordinadora Continental Bolivariana en Quito (Ecuador).

Así mismo, a partir de las actividades desarrolladas por estas 2 organizaciones, se han abierto espacios en México 2 grupos extranjeros afines a las FARC, identificados como:

- **Comité de Solidaridad Latinoamericana (LASC)**: Se ubica en Toronto (Canadá), bajo el liderazgo de **Igor Palmiro Ampuero Morales alias Julián Romero**, integrante de la Comisión Internacional de las FARC, encargado de participar en conferencias a favor del grupo guerrillero en Canadá, Centro y Suramérica.

205

- **Circulo Bolivariano Latinoamericano "Manuelita Sáenz"** **(CIRBOLAT):** organización que se encarga de expandir el ideario bolivariano a nivel internacional. De manera particular la participación de FARC se da a través de **Amparo Torres Victoria**, hermana de alias Pablo Catatumbo integrante del Estado Mayor de las FARC y esposa de marcos León Calarcá, anterior vocero de las FARC en ese país.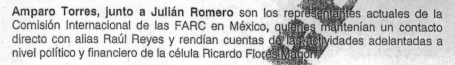

Amparo Torres, junto a Julián Romero son los representantes actuales de la Comisión Internacional de las FARC en México, quienes mantenían un contacto directo con alias Raúl Reyes y rendían cuentas de las actividades adelantadas a nivel político y financiero de la célula Ricardo Flores Magón.

Actividades de apoyo a las FARC

- El Núcleo Mexicano de Apoyo a las FARC mantiene una permanente apertura de eventos, foros y propaganda de apoyo directo a la organización desde la Universidad Autónoma de México y se constituye actualmente en el difusor de los comunicados de la Comisión Internacional de las FARC en ese país.

- El 23 de junio del 2006, organizaron la presentación de la película "Guerrilla Girl" de las FARC, la cual fue dada a conocer en las Instalaciones de la Universidad Obrera de México, ubicada en el sector de San Ildefonso en el centro histórico de la capital Mexicana.

- Igualmente, los días 10 y 11 de marzo del 2007, se realizó en México el **"Primer Encuentro Nacional de Solidaridad con las Luchas del pueblo Colombiano"**, el cual constituyó la reactivación y apertura de espacios para la concentración de actividades a nivel internacional a favor de las FARC y en contra del Gobierno Nacional, que en ese país no se registraban desde el 2002.

Este encuentro fue articulado por el Núcleo de apoyo a las FARC y la Coordinadora Continental Bolivariana en cabeza de Narciso Isaconde, donde participaron diversas organizaciones de izquierda internacionales y se promulgaron apoyos al grupo terrorista para "exigir" la renuncia del Presidente Álvaro Uribe Vélez y la salida del Embajador en México Luis Camilo Osorio; así como promover la denominada "Plataforma para un Gobierno de Reconstrucción y Reconciliación Nacional" y la campaña a favor de la libertad de Rodrigo Granda, Simón Trinidad y Sonia.

Se realizó de manera paralela al XI Seminario del Partido del Trabajo (PT), lo que facilitó el desplazamiento de delegados de las FARC y el ELN a México bajo el argumento de participar en este segundo evento, sin tener un contacto evidente de su participación en el encuentro organizado por las FARC.

Para el presente año, dentro de las actividades programadas por la Célula Ricardo Flores Magón, se encuentra la realización del Segundo Encuentro de Solidaridad con las Luchas del pueblo Colombiano.

Estructura de la actividad actual de las FARC en México

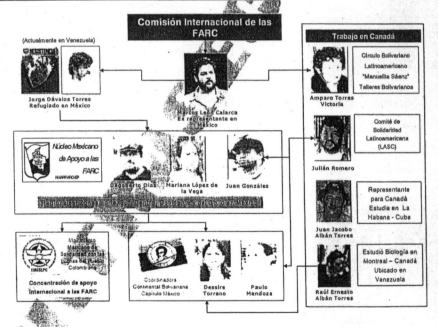

Estructura y proyecciones de la estructura de apoyo a las FARC en México

Las informaciones obtenidas en el computador de Raúl Reyes, permitieron establecer que la Célula Ricardo Flores Magon, constituye el eje del trabajo clandestino de las FARC en México, la cual de acuerdo a las informaciones de inteligencia está liderada por las siguientes personas:

207

- Alias **Fermín**, quien actúa como secretario político.
- Alias **Marcelo**, encargado del componente de Educación, Seguridad y el Centro de Documentación
- Alias **María**, responsable de las finanzas, las cuales eran informadas cada mes a alias Raúl Reyes.
- Alias **Adolfo**, cuya actividad se relacionan con organización, la Agencia Bolivariano de prensa y el Movimiento de Solidaridad con las luchas del Pueblo Colombiano.
- Alias **Eugenia**, contacto y representante ante la CCB.

Según documentos internos de esta organización, Se orientan por los comunicados y circulares del secretariado de las FARC y la Comisión Internacional. Sus actividades buscan los siguientes aspectos:

1. Impulsar el reconocimiento como fuerza beligerante a las FARC.
2. Promover la propuesta de intercambio humanitario de las FARC.
3. Promover la campaña de solidaridad con Simón Trinidad y Sonia.
4. Promover espacios de "unidad bolivariana" como la Coordinadora Continental Bolivariana.
5. Publicar y difundir la Revista Resistencia Internacional de las FARC.
6. Distribución y publicación de libros del grupo terrorista.
7. Aportar comunicados para la página web de las FARC.
8. Difundir los comunicados y "partes de guerra" del grupo guerrillero.
9. Fortalecer el Movimiento de Solidaridad con el Pueblo Colombiano.

Ubicación de mexicanos en campamento de Raúl Reyes en Ecuador

En relación con los estudiantes mexicanos que se encontrarían en el campamento de Raúl Reyes al momento de la operación militar, se conoció que harían parte de un grupo de mexicanos que ingresó a Quito, el 31 de enero de 2008 con el propósito de participar en el Segundo Congreso de la Coordinadora Continental Bolivariana, el cual se desarrolló en esa ciudad del 24 al 27 de febrero.

Cinco de estos ciudadanos mexicanos, se desplazaron después del evento por el sector de Lago Agrio hacia el campamento de Raúl Reyes. Las personas que realizaron esta actividad, son las siguientes:

- Fernando Franco Delgado, identificado con el pasaporte mexicano No. 04420005398.

- Lucía Andrea Morett, identificada con el pasaporte mexicano No. 05390027316. Actualmente herida y recluida en un centro médico de Quito.

- Verónica Natalia Velásquez Ramírez, identificada con el pasaporte mexicano No. 0835002598.

- Juan José González del Castillo, identificado con el pasaporte mexicano No. 05340036449.

- Soren Ulises Avilés Ángeles, identificado con el pasaporte mexicano No. 07340006390.

Mario Dagoberto Díaz Orgaz, quien se tiene identificado como el Director del Núcleo Mexicano de Apoyo a las FARC y quien fue la persona encargada de realizar las coordinaciones para el viaje de los ciudadanos mexicanos a Quito (Ecuador) se desplazó el 13 de marzo pasado en compañía de Luz Gabriela Mejía, para apersonarse de los ciudadanos mexicanos.

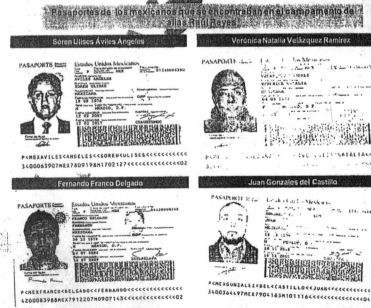

Pasaportes de los mexicanos que se encontraban en el campamento de alias Raúl Reyes.

Consideraciones

1. Durante la permanencia de representantes directos de la Comisión Internacional de las FARC en México entre 1993 y 2002, esta organización logró afianzar amplios e importantes contactos y alianzas, que actualmente le han facilitado contar con una fuerte plataforma de apoyo en ese país, encargada de reactivar las diferentes manifestaciones a favor de su actividad criminal, bajo el calificativo de "organización revolucionaria en defensa del pueblo colombiano".

2. En este contexto, la conformación de diferentes estructuras de apoyo a través de la célula Ricardo Flores Magón, le ha permitido a las FARC reactivar su presencia en este país, al articularse una figura que representa a la organización terrorista. No obstante, sus integrantes gozan de reconocimiento como estudiantes y miembros de movimientos de izquierda radicales de México, sin registrar vínculos con actividades criminales, facilitando sus actividades de apoyo abiertamente sin temor a repercusiones judiciales.

3. Esta figura hace parte de uno de los principales avances de la Coordinadora Continental Bolivariana en Latinoamérica, que bajo este contexto de "legalidad" articula diferentes espacios en la región, donde representantes de los movimientos sociales que la integran, articulan todos los contactos, eventos y campañas a favor de las FARC, minimizando la vulnerabilidad que les representó la participación abierta y directa de cabecillas de la Comisión Internacional en el pasado, a partir de la captura de Rodrigo Granda.

4. Es importante llamar la atención sobre el espacio que ha alcanzado este proceso en México y la proyección que puede tener en el escenario inmediato, a partir de los espacios que se vienen abriendo no solo hacia las FARC, sino de manera general a la doctrina expansionista denominada bolivariana.

5. Si bien a nivel público las actividades se concentran en hechos seudo políticos, se debe recordar que sobre México han existidos intereses particulares de las FARC asociados a las actividades de narcotráfico, que hoy pretenderían afianzar considerando la dinámica actual del fenómeno en ese país.

   En el computador de Raúl Reyes, se pudo establecer como el cabecilla guerrillero coordinó y fue informado sobre el envío de cargamentos de droga hacia México, por parte de estructuras del bloque Sur de las FARC.

I

#28

Septiembre, 22 de 2007

Camaradas Secretariado:

Los saludo cordialmente y a la vez para comentarles lo siguiente:

Al manifiesto sugiero agregarle la política de fronteras y hacerlo público, por cuanto medio sea posible a ver si logramos impedir que todo el mundo en las elecciones de octubre respalde el uribismo. Este documento va a caer como anillo al dedo y lo debemos utilizar como herramienta de trabajo en todos los Bloques y Frentes.

Va proyecto de carta para el Presidente Chávez instándolo para que siga adelante con su labor humanitaria y de acuerdo a sus posibilidades logre interesar otros gobiernos del continente, con ello gana en su proyecto geopolítico y nosotros sin que lo digan vamos ganando reconocimiento como Fuerza Beligerante. Ustedes donde noten que contravenimos en la línea trazada por Plenos y Conferencias pueden suspender la palabra.

Sigo esperando opiniones de Ustedes para ventilar y examinar si es posible y estamos en condiciones de enviar uno del Secretariado a Caracas u otro Camarada que designaremos de común acuerdo a entrevistarse con el Presidente Chávez clandestinamente con la finalidad de hablar de nuestro proyecto político – militar, teniendo en cuenta los riesgos para quien nos represente. Sin olvidar la línea trazada en plenos y conferencias con suficientes motivos y razones para no hablar del Intercambio en otro país, sino en Colombia como lo hemos sostenido en comunicados públicos; de abstenernos de recibir empleados oficiales o enviar los nuestros sin negarnos a mantener la bandera en alto del Intercambio para armarle un problema interno y externo a Uribe. Con tal finalidad fue la propuesta de Los Llanos del Yarí para la entrevista con el Secretariado y si ello era posible con otros jefes de Estado y verán Ustedes la que se arma y sin cultivar ilusiones si el Gobierno se niega pierde y si acepta también.

Puede ocurrir que alguno de Ustedes tenga otra propuesta diferente la cual la podemos analizar para una mayor comprensión del desarrollo de nuestras tareas de coyuntura.

Nosotros en entrevista con el Presidente Chávez cuando decidamos hablar del Intercambio Humanitario por fuera del país podemos proponerle que si los gobiernos de Venezuela, Brasil, Ecuador, Bolivia, Nicaragua, incluidos Francia, Suiza y España que han ofrecido sus aportes, nos reconocen como Fuerza Beligerante, nos sacan de la lista de terroristas y asumen el compromiso con el Gobierno y el Estado Mayor Central de FARC de recibir en su territorio los prisioneros de ambas partes, hasta cuando este Gobierno u otro diferente pueda sentarse con La Insurgencia, a hablar de la solución política negociada al conflicto social y armado, firmen la paz y acto seguido la repatriación de los prisioneros. Ellos con su aporte garantizan la seguridad, salud, entrevistarse con la familia, estudio y aceptan un emisario nuestro al más alto nivel en representación de FARC como parte del compromiso. Como quien dice, los guerrilleros salen de una cárcel y entran a otra, pero en condiciones diferentes cuyo control lo ejerce el respectivo Gobierno compromisario, igual procedimiento con los otros. Podemos ventilar esta posibilidad. De tal manera que esta propuesta si es aceptada por los gobiernos nos permita movernos en dichos países sin demasiado peligro y de esta manera estamos dando respuesta a las intransigencias del Gobierno. Quedamos bien parados de nuestra parte con todos los países que han ofrecido su aporte para el Intercambio y si por algún motivo es imposible concretar con los gobiernos absolutamente nada todo saldría bien en política nacional e internacional para las FARC.

Hay otras consideraciones que pueden ser analizadas pero nuestro lineamiento político - militar nos impide entrar en contravía del Plan Estratégico. Como es natural en esas condiciones el Señor Uribe nos impone su política de los "inamovibles" y de guerra. Por ello lo acertado de nuestra línea para que todo sea en Colombia sin ninguna clase de enredo. Estos son elementos que podemos tener en cuenta en caso de poder realizar la entrevista en territorio colombiano con Chávez.

Tengo la opinión del Camarada Raúl proponiendo al Camarada Iván M. para la entrevista con el Presidente Chávez sin esclarecer hasta el momento si para hablar del Intercambio Humanitario o de lo atinente al Plan Estratégico. Lo segundo tiene otro enfoque diferente no para mejorar la imagen de Uribe de tal manera que le permita ganar tiempo en su proyecto de guerra tramando a todo el mundo con el cuento de los "inamovibles", sino para ir sentando las bases de mutuas relaciones políticas con FARC en correspondencia al Plan Estratégico aunque sea a largo plazo. Por ello es necesario separar lo del Intercambio Humanitario del proyecto estratégico.

Los días 18 y 19 del corriente mes estuve escuchando comentarios de la Senadora Piedad Córdoba relacionadas con un video enviado por el

Camarada Raúl al Presidente Chávez, donde ella afirma el compromiso de un encuentro el 8 de Octubre en Caracas con representantes de FARC para hablar del Intercambio Humanitario. A tiempo que todavía no hay opiniones de todo el Secretariado manifestando el propósito de efectuar la reunión en Caracas. En tales condiciones tengo la impresión que se está generando una falsa expectativa en la opinión, cuyas repercusiones están por verse a favor o en contra.

Si la consulta hecha a los tres Camaradas situados cerca de la frontera con Venezuela, estuvieran en otro lugar diferente, tendríamos que pedirle clemencia a Uribe para viajar a Caracas a hablar del Intercambio. Es lo que propone el Presidente Uribe al decir, que está dispuesto a facilitar una zona de encuentro para la entrevista Chávez y Secretariado, facilitando credenciales y bajo la custodia de la Fuerza Pública para garantizar la seguridad. Qué tal el Secretariado bajo la custodia de Uribe por no hacerlo aquí en Colombia, sin custodia y sin credenciales?

Voy a utilizar el radio solamente para recibir y transmitir mensajes muy cortos de ahora en adelante, para evitar una matada. Son 6 horas de radio mientras los aviones siguen ubicándonos y los mensajes nuestros cada vez más largos.

Finalmente escuche comentarios sobre el debate realizado a puerta cerrada del Polo de cuyas conclusiones no tengo conocimiento pero nos podemos imaginar, de la pelea de las mulas el perdedor es el arriero, porque en aras de la unidad todo lo habido y por haber es contra FARC.

Sin mas, JE

Nota: próxima salida lunes 1 de octubre.

Proyecto de carta

Señor

Presidente de la República Bolivariana de Venezuela

Comandante Hugo Rafael Chávez Frías

Palacio de Miraflores

Caracas

E. M. S.

Reciba un fraternal y revolucionario saludo bolivariano y nuevamente para expresarle lo siguiente:

Estoy seguro que Usted ha logrado escuchar varias opiniones por los medios de comunicación de personalidades y politólogos colombianos haciendo afirmaciones relacionadas con el Intercambio Humanitario, donde a criterio de ellos, el Gobierno no está dispuesto a permitir la posibilidad de entrevistarnos en territorio colombiano en una región del Caguán. Lo que representa para el Gobierno un gran desacierto político, a tiempo que prima el interés nacional de familiares y amigos por la libertad de los prisioneros de ambos lados.

Iguales afirmaciones he logrado escuchar de cuatro de sus más importantes ministros: Defensa, Relaciones Exteriores, del Interior y de Agricultura. Para confirmar la tesis, que el Señor Presidente de la República mantiene su negativa pública para despejar los municipios de Pradera y Florida en el Valle del Cauca, con el fin que ambas partes logren sentarse en La Mesa a estudiar, facilitar y convenir mecanismos, que permitan la libertad de los prisioneros.

En tales circunstancias nos corresponde a Usted y al Secretariado examinar con paciencia las diversas opciones y repercusiones políticas expresadas por personalidades unas del Gobierno y otras de la sociedad civil, alineadas con el Estado, esgrimiendo la negativa al despeje. Mientras estas declaraciones hacen carrera oficial, gran parte de la sociedad colombiana ve con mucho interés sus afirmaciones de aportar con sus buenos oficios al Intercambio Humanitario, invitando a otros gobiernos a hacer parte de esta noble causa.
Lo importante para su Gobierno y FARC en la actualidad es lograr mantener amplias relaciones políticas de amistad y de buena vecindad para el futuro de ambos pueblos, donde el sueño del Libertador Simón Bolívar, se vuelva realidad para el proceso bolivariano que dirige su Gobierno y las FARC en Colombia.

Sin desechar la posibilidad de entrevistarnos en Venezuela con tal propósito tendremos que esperar el surgimiento de un Nuevo Gobierno elegido democráticamente, en circunstancias diferentes a este; para intercambiar opiniones y perspectivas a corto y largo plazo del acontecer internacional de otros pueblos que vienen manifestando el deseo de liberarse de las imposiciones del imperio gringo en lo político, militar, económico y soberanía etc., sin olvidar la sabiduría humana donde se afirma, que no hay nada imposible de realizar si disponemos de voluntad para tal fin como es nuestro interés.

Dejando en claro para su conocimiento que el gobierno colombino le exige a La Insurgencia de FARC desistir de sus propósitos de lucha y acepte sus condiciones para negociar la rendición. En el entendido que esta guerrilla no tiene nada que ofrecer sino el sacrificio en la lucha político - militar con base en El Programa y la Plataforma, con la finalidad de lograr cambios en las Instituciones del Estado para redimir las masas populares de los atropellos del poder imperial en cabeza del Presidente Uribe.

El Gobierno de Colombia mientras se niega a aceptar el despeje de un lugar con el fin de entrevistarnos y lograr un acuerdo que permita liberar los prisioneros, analizar las bases para posteriores encuentros en busca de la solución política al conflicto social y armado, hasta lograr la paz; facilita a los 2.500 ó 3.000 militares Norteamericanos en calidad de asesores suficientes comodidades y privilegios en Divisiones y Brigadas, como en Tolemaida, Tres Esquinas y Montañitas. Qué tal Señor Presidente?

Estos son elementos de tener en cuenta por Usted y FARC para seguir buscando por todos los medios apoyo internacional hasta lograr el objetivo deseado aprovechando la oportunidad para desenmascarar la política guerrerista del Presidente Uribe, contra la solución política al conflicto social y armado en Colombia. Programado por los gobiernos de Estados Unidos y aplicado en todo el país con el nombre de Plan Patriota. Argumento que nos debe servir para un mayor acercamiento con gobiernos del continente inclusive con la Comunidad Internacional en aras de lograr el objetivo por la noble causa humanitaria.

No siendo otro el motivo de la presente, me despido de Usted con un fuete apretón de manos y mis agradecimientos por la atención prestada a la anterior.

Atentamente,
Por el Secretariado, Manuel Marulanda Vélez.

Montañas de Colombia, Septiembre 22 de 2007

II

7

Oct 4-07.

Camarada Manuel. Cordial saludo. Del diálogo con Chacín, lo siguiente:

1- Se proseguirá el esfuerzo por hacer realidad la cumbre de comandantes en el Yarí. De lograrse, Chávez iría acompañado por los presidentes Ortega, Evo y Correa, que son "patria o muerte" con Chávez. De todas maneras habrá una reunión privada Chávez-Marulanda.
2- Ve posible lo de Ricardo. Al menos se va a intentar. Cree que el asunto lo puede resolver una llamada de Chávez a Fidel. Si logramos esto, la idea es la siguiente: Previa instrumentación de Ricardo aquí, procurar que Chávez lo reciba con Calarcá (reitera que no se garantiza) antes de la fecha del 12 de octubre en la que se reúne con Uribe. De todas maneras Chávez le explicaría a Uribe que Ricardo y Calarcá le reafirmaron la posición de FARC en torno al despeje militar de Pradera y Florida, y el Yarí. Esto justificaría la sacada de Ricardo de Cuba. "Puede ser que el Presidente resuelva recibir a Ricardo y después hacerlo público. La reunión de Ricardo y Calarcá, sería – dice- una especie de avanzada con relación a la reunión con el Secretariado y a la cumbre Chávez-Manuel Marulanda".
3- Para la reunión de o los delegados del Secretariado con Chávez y refiriéndose a las tres fechas sugeridas, nos pide tener en cuenta que en la práctica el Presidentes está dejando en blanco 9 días de su agenda, que es bastante apretada, a la espera de una respuesta positiva de nuestra parte. Agrega que el remate público de ésta, en nada afectaría la imagen de la revolución Bolivariana y por el contrario, sería una señal muy positiva para el mundo en torno a la gestión de Chávez.
4- Preguntó quién o quiénes eran los delegados. Le respondí todavía no hemos definido. Entonces comentó, que de pasó hacia Estados Unidos Piedad le dijo que el delegado era Iván. Y Lozano dijo por Caracol que "a la reunión entre el presidente de Venezuela Hugo Chávez y las FARC, no asistiría el jefe guerrillero Raúl Reyes, sino Iván Márquez". Respondí que no tenía ni idea de dónde podían sacar eso. Lo malo es que se hace público lo que queremos hacer en secreto. Es posible que la eventual aparición de Ricardo en escena contribuya a desinformar en torno a este asunto.
5- Sobre garantías de seguridad para el desplazamiento de la delegación del Secretariado: Lo primero es el secreto de la misión. Solamente sabrían Chávez y su emisario. En todo momento se contará con el acompañamiento de Rodríguez Chacín, experto en estas lides. Los pilotos –que son confiables- no saben para dónde van, ni a qué. El movimiento se haría bajo

la responsabilidad del gobierno venezolano. El transporte se haría en un helicóptero artillado. Si estamos de acuerdo, pondrían otro aparato de escolta. En la seguridad se incluirían unidades militares de nuestra entera confianza, al mando de conocidos por Timo e Iván. El sitio escogido para retanqueo del helicóptero estaría asegurado por el gobierno. Sitio de llegada, el que indique el Presidente. Pueden ser Fuerte Tiuna en Caracas, Valencia, Barinas o Trujillo. Se llegaría con uno o dos días de anticipación. Una vez concluido el encuentro que será de tres días, se utilizará el mismo dispositivo para el regreso al Bloque. Por ahora es todo, Atte., Iván.

Nota: Lo anterior fue trabajado sobre la base de lo planteado por el camarada Manuel en la carta del primero de octubre, sin conocer la del 3. Aprovechando que Chacín aún no había salido le agregué que en este asunto vamos a ir "con calma, cabeza fría y paciencia". Nada se habló de los dos delegados del Secretariado. Vuelve y juega la fe de vida de Ingrid. Olvidaba decir que sugirió recibiéramos a Piedad. Respondí que podría ser para intercambiar sobre el manifiesto, diálogos con las fuerzas políticas y sociales, Alternativa política de cambio y el Gran Acuerdo Nacional por la Paz. Un encuentro con Piedad no está exento de ruido mediático.

III

6

#76

Dic11/07/

Camaradas Secretariado. Cordial saludo.

1- Si están de acuerdo, puedo recibir a Jim y a Tucker para escuchar la propuesta de los gringos.
2. El italiano Cónsolo manda a decir que el parlamento europeo quiere vincularse a los esfuerzos por el canje humanitario. Pide sea recibido para hablar al respecto. Atte., Iván.

#77

Dic 15/07/

Camaradas Secretariado. Cordial saludo.
1- La propuesta de Uribe sobre el canje no merece ser respondida. Ignoremos a esos bellacos.
2- La propuesta del camarada Manuel a Chávez nos daría la más grande resonancia mundial durante todo el fin de año... Y si Uribe no la acepta, peor para él. Atte., Iván.

#78

Dic 23/07/

Camaradas secretariado. Cordial saludo. Por dos días nos reunimos con Rodríguez. Conclusiones principales:
1- Con relación a 300, que en adelante llamaremos "dossier" ya hay gestiones adelantadas por instrucciones del jefe del cojo, las cuales comentaré en nota aparte. Al jefe lo llamaremos Ángel, y al cojo Ernesto.
2- Para recibir a los tres liberados, Chávez plantea tres opciones: Plan A. Hacerlo a través de una "caravana humanitaria" de la que harían parte Venezuela, Francia, Piedad, Suiza, Unión Europea, demócratas, Argentina, Cruz Roja..., etc.
Mecanismo: similar al utilizado cuando nos recogieron para los diálogos de Caracas y Tlaxcala, es decir, en helicópteros recogerían en la coordenadas que se indiquen, y que sólo conocerá Rodríguez Chacín. De ahí serían trasladados a un aeropuerto cercano donde los esperaría un avión para trasladarlos directamente a Caracas.

Página 1 de 2

Acepte o no Uribe esta fórmula, de todas maneras pierde.

Plan B: sin importar el tiempo, recogerlos en la frontera con Venezuela. Plan C: recogerlos en la frontera con Ecuador.

2- Ven importante mantener vivo el rumor de la trascendencia de la cumbre del Yarí. Contribuirán a ello.

3- Lo del camarada Martín tiene el visto bueno del jefe. Piden informemos cuál es su problema para hacer preparativos. Sugiere recogerlo en lo que resta de este mes, porque si no tendríamos que esperar hasta febrero.

4- También está autorizado lo del Grandote y Rafael. Igual lo de los tiempos.

5- Sarkozy le pidió a Chávez que le transmitiera al camarada Manuel si podía recibir a su delegado Noé. (Acá nos hemos enterado que éste último es de la inteligencia francesa).

6- Chávez está muy interesado en el teniente que le escribió la nota. Quiere se lo entreguemos. Entiende que por lo que le mandó a decir, si se lo entregamos a Uribe, lo pondrá preso. También planteó lo de Ingrid, pero le dijimos que si hacíamos eso nos quedaríamos sin cartas.

6- Con el cojo hemos desarrollado una excelente y cada vez más estrecha relación.

Es todo, atte., Iván.

IV

Enero, 14, 2008,

Camaradas Secretariado, cálido saludo con pase a los que los acompañan. El "dosier" es de dirección colectiva, delicadeza, cabeza fría, capacidad y responsabilidad.

1 Quien, adonde, cuando y como recibimos los dólares y los guardamos?
2 Determinar que material necesitamos, cantidad, precios, transportes, rutas, lugares de cargue y descargue, vendedores, compradores, formas de los negocios y técnicos.
3 Si nos donan mercancía que sea útil y adecuada a la irregularidad guerrillera podríamos esclarecer que es, para darles nuestra opinión, sin dejar de insistir en lo prometido con buenos modales.
Los temas que plantea el camarada Manuel son suficientes y actualizados para que hagamos un llamamiento a los soldados, suboficiales y oficiales patriotas.
El reconocimiento de FARC-EP, como fuerza beligerante por parte del mandatario venezolano y la invitación por él a los demás países del mundo a excluirnos de la lista de terroristas, nos obliga a andar con mas cuidado en las relaciones con él, a nivel de secretariado, los que tienen más posibilidades de mantenerlas son los camaradas Timo e Iván Márquez que están en la frontera.
Piedad, Carlos Gaviria y Lozano, dieron su opinión a favor de nuestro reconocimiento político, Córdoba puso a hablar a los liberales y los va a dividir más.
Insistir en el despeje de los llanos del Yarí para la reunión del camarada Manuel, Frías y otros es necesario, donde expondremos nuestros planteamientos, cuando esto se de Uribe va quedando más aislado, junto con su jefe del norte.
La entrega al presidente Chávez de las dos prisioneras de guerra para no emplear la palabreja rehenes, fue de cubrimiento mundial, no nos sentimos defraudados, en medio de nuestras propias ingenuidades e incapacidades y las de Hugo que nos hicieron quedar mal, ahora nuestra brega es con los que nos quedan en medio de un adulto operativo, sabemos que tenemos un tesoro y por eso los mineros lo buscan en las selvas, ríos, pampas y montañas.
Como el camarada Raúl no tiene condiciones de atender personal, si los camaradas Iván M. y Ricardo lo pueden hacer estoy de acuerdo.
Les va nuestro abrazo. Jorge.

V

FARC-EP
Montañas de Colombia, Enero del 2008

Señor
Presidente de la República Bolivariana de Venezuela
Comandante Hugo Rafael Chávez Frías
Palacio de Miraflores Caracas

E.   S.   M.

Con la presente le estoy enviado un cordial y fraternal saludo
bolivariano deseándole muchos éxitos y a la vez para comunicarle
lo siguiente:

A nombre del Secretariado de las FARC le expresamos nuestros
agradecimientos por su noble gestión humanitaria y sacrificio como
Gobierno de Venezuela para lograr la liberación de la cárcel a
guerrilleros y de la selva a militares y políticos, por el esfuerzo
realizado ante otros gobernantes del Continente en pro de lograr
para la causa revolucionaria bolivariana, el reconocimiento de
Fuerza Beligerante en lucha contra el régimen del pro imperialista,
Álvaro Uribe Vélez, quien con su equipo de Gobierno y sus
asesores gringos desconocen las causas que originaron la
confrontación armada producto de la lucha partidista por la que
atraviesa Colombia, sin contar los 43 años con FARC.

Hoy con el nuevo ingrediente de lucha contra el terrorismo y el
narcotráfico apoyado por el imperio Estadounidense, en lo
económico, material y técnico, para combatirnos con argumentos
carentes de realidad política y social, queriendo tapar el sol con las
manos, para lo cual utiliza toda clase de maniobras nacional e
internacional.

Señor Presidente, puede imaginarse el interés general y alegría que
ha despertado en todos los mandos, guerrilleros, Movimiento
Bolivariano por la Nueva Colombia, Partido Comunista Clandestino,
en buena hora su planteamiento a la Asamblea Bolivariana de

Venezuela la solicitud para analizar y aprobar el reconocimiento de Fuerza Beligerante a FARC.

Este gesto revolucionario de su Gobierno no solo ayuda a la comprensión del fenómeno político, social y de soberanía para la reconciliación de la familia colombiana tan golpeada por la violencia del Estado, sino que contribuye a abrir caminos para el Intercambio Humanitario y la paz tan esquiva por la capacidad de maniobra de la clase dirigente oligarca liberal – conservadora, sustentada contra viento y marea por los medios de comunicación y presionada por Estados Unidos interesados en mantener el foco de guerra contra La Insurgencia para intervenir directamente con tropas, vender armas, tecnología y preparar condiciones que sirva de puente en la lucha contra Venezuela entre otros. Todo en cabeza del Presidente Uribe quien no le interesa la paz sino el sometimiento o aniquilamiento de La Insurgencia para imponer el neoliberalismo, manteniendo el saqueo de nuestras riquezas naturales no solo de Colombia sino del Continente Latinoamericano. Para lo cual nosotros siempre estaremos atentos en caso de agresión gringa aportar con nuestros modestos conocimientos en defensa de la revolución bolivariana de Venezuela.

Señor Presidente Chávez, aprovecho la oportunidad para comentarle brevemente cual fue el objetivo central del Presidente Álvaro Uribe en la gira internacional, conseguir apoyo de Naciones Unidas entre otros gobiernos, solicitar cascos azules para situarlos en la frontera colombo - venezolana, maniobrar y descalificar La Insurgencia sosteniendo la tan cacareada tesis de los "inamovibles" para negociar sin ceder como los antecesores y evitar el reconocimiento de Fuerza Beligerante a FARC la cual hemos planteado a varias gobiernos sin lograr el objetivo hasta el momento, porque todos los procesos revolucionario tiene cada uno su propia etapa y dinámica como el que hemos venido avizorando últimamente en varios países del Continente, comenzando por el hermano pueblo bolivariano de Venezuela, el cual Usted tiene el honor de presidir con acierto, sabiduría y responsabilidad.

En la lucha por la noble causa de ambos pueblos como herederos del Libertador Simón Bolívar por lograr la real independencia de los Estados Unidos, el respeto y la soberanía.

Para su conocimiento, la campaña promovida por los más gobiernistas medios de comunicación y por Álvaro Uribe para el 4 de febrero instando a una movilización contra las FARC, condenando el secuestro y el terrorismo, sin ninguna referencia a las causas del conflicto ni a sus verdaderos promotores, tiene efectos difíciles de analizar en el momento, con el agravante que la campaña va dirigida solo contra las FARC.

Teniendo en cuenta que para el Intercambio Humanitario estamos listos siempre y cuando el Gobierno nacional despeje Florida y Pradera como hemos manifestado en comunicados públicos.

Señor Presidente Chávez, déjeme decirle que de cada 1000 personas retenidas en Colombia solo hemos tenido 5 ciudadanos, unos por narcotraficantes, otros financiadores de la guerra, otros del paramilitarismo, otros promotores y auspiciadores de la violencia, sean empresarios, políticos o del Estado. El resto de ciudadanos secuestrados son atribuidos a diversos actores armados y organizaciones delincuenciales etc.

La clase gobernante viene de meses atrás manipulado la opinión pública apoyada por los medios de comunicación ocultando el real carácter de prisioneros de guerra, capturados en combate de los cuales hemos liberado cientos sin contra prestación, más sin embargo, sin ninguna responsabilidad oficial nos califican de haberlos secuestrado a tiempo que las cosas hay que llamarlas por su propio nombre para poder negociar con La Insurgencia.

En nuestro caso respondemos por los militares capturados en combate y no por los 700 que afirma la prensa, como parte de su campaña de descredito.

El terrorismo es un estrategia y pretexto de Estados Unidos para invadir pueblos, desestabilizar gobiernos democráticos y progresistas, con el fin de mantener la hegemonía de por vida e impedir la liberación de los pueblos del imperio o imperios. Hasta donde hemos logrado conocer en manuales de guerra la estrategia militar y política de Estados para intervenir o agredir directamente otros países aplican el bloqueo general, sabotaje a medios de producción propios o dependientes, infiltra e investiga el potencial económico, capacidad, experiencia militar, medios de combate, cohesión, tecnología dependiente o independiente de los posibles aliados del atacado, tienden cercos marítimos, terrestres y aéreos; utilizan los medios de comunicación de acuerdo a la capacidad del agredido para someterlo al precio que sea necesario como quiere Uribe con nosotros.

En nuestro caso para defendernos del Gobierno y el imperio gringo de conformidad con nuestra estrategia y capacidad defensiva teniendo en cuenta la tecnología actual del imperio aplicamos variadas formas de lucha   popular de masas donde son validas las piedras y hasta las botellas, la cual es calificada por el contendor de terrorismo.

Mientras ellos utilizan toda clase de vehículos de guerra, aviones plataforma,   de reconocimiento, térmicos, satélites, globos, goniómetros, tanques y artillería pesada; bloquean económicamente al campesinado, lanzan   toneladas de bombas, ametrallan, destruyen casas, matan ganados, desaparecen y torturan campesinos y, estos, no son actos de terrorismo según el Gobierno de Uribe y de quienes lo apoyan.

No contento con los resultados en 5 años de guerra pide apoyo de la Comunidad Internacional para continuar la confrontación sin que vislumbre la salida política por caprichos del hombre, desatendiendo el clamor nacional por la paz y la libertad de los prisioneros de guerra.

Para desprestigiar los líderes revolucionarios del Movimiento no contento con lo anterior nos sindican de traficar con drogas, desconocen y no quieren entender que FARC como principio y Normas vigentes aprobadas por Conferencias y Plenos del Estado Mayor Central prohíbe el uso, comercio y tráfico de estupefacientes de cualquier clase.

En nuestro caso, cobramos un impuesto a los narcotraficantes por ser producida en regiones campesinas organizadas por nosotros de la cual depende el sustento de la población civil. Ahora con motivo de la ejecución del Plan Colombia y Patriota, el Gobierno dice, haber terminado con la producción de coca, cortado los corredores, encarcelado 500 compatriotas y extraditados a Estados Unidos, más sin embargo, sigue afirmando que FARC se sostiene de la coca. Qué tal la campaña?

No siendo otro el motivo de la presente con sentimientos de alta consideración y agradecimientos me despido de usted con un fuerte abrazo revolucionario y bolivariano.

Atentamente,

Manuel Marulanda Vélez.

Montañas de Colombia, Febrero de 2008

VI

3

Secre03

18.01.08

Camaradas del Secretariado. Fraterno saludo.

1-Considero llegado el momento de lanzar la propuesta del Camarada JE de solicitar al gobierno de Venezuela, recibir los prisioneros en poder de las dos partes, hasta cuando se firme el canje entre los contenientes. Con esta propuesta Chávez gana mayor protagonismo y ahogamos la inviable presión para que aceptemos visitas a los prisioneros enfermos a raíz de la campaña montada por las pruebas. Fuera de dar fuerza al audaz reconocimiento de beligerancia de Chávez a las FARC y el ELN que tanta fobia y desconcierto causo en Uribe, las oligarquías y los imperios. Estimularíamos al propio Chávez y Ortega y otros gobiernos amigos, que posteriormente pueden sumarse al reconocimiento.

2-Atendimos visita del Ministro de Seguridad de Ecuador, Gustavo Larrea, en adelante Juan, quien a nombre del presidente Correa trajo saludos para el Camarada Manuel y el Secretariado. Expuso lo siguiente:

1-Interés del presidente de oficializar las relaciones con la dirección de las FARC por conducto de Juan.

2-Disposición de coordinar actividades sociales de ayuda a los pobladores de la línea fronteriza. Intercambio de información y control de la delincuencia paramilitar en su territorio.

3- Están dispuesto a cambiar mandos de la fuerza pública de comportamiento hostil con las comunidades y civiles de la zona para lo cual solicitan nuestro aporte con información.

4-Ratifican su decisión política de negarse a participar del conflicto interno de Colombia con apoyos al gobierno de Uribe. Para ellos las FARC son organización insurgente del pueblo con propuestas sociales y políticas que entienden.

5-Preguntan si políticamente nos interesa el reconocimiento de beligerancia. Comparten los planteamientos de Chávez en este tema.

6-Demandarán al Estado y Gobierno de Colombia ante la Corte Internacional por los dañinos efecto de las fumigaciones del plan Colombia.

7. El próximo año cancelan la licencia gringa sobre la base Manta.

8. Se proponen incrementar sus relaciones comerciales y políticas con el Asia: China, Vietnam y Corea del norte principalmente.

9. Su programa de gobierno se orienta a la creación de las bases socialistas, para lo cual dan especial importancia a la Asamblea Nacional Constituyente.

10. Ofrecen su ayuda en la lucha de las FARC por el intercambio humanitario y las salidas políticas. Tienen claro que Uribe representa los intereses de la Casa Blanca, las multinacionales y las oligarquías, lo consideran peligroso en la región.

11. Solicitan de nuestro jefe y del secretariado un aporte que impulse su gestión a favor del canje, que puede ser entregarle al presidente Correa el hijo del profesor Moncayo o algo que permita dinamizar su labor política.

12-Darían documentación y protección a uno nuestro, para que adelante en su país trabajo de relaciones, que en su criterio debe ser discreta por riesgos de una captura o asesinato por parte de agentes de Uribe.

13. Dejamos establecidas formas de comunicación y la posibilidad de volvernos a ver en uno o dos meses para darle seguimiento a los temas y profundizar más sobre ellos.

Hasta aquí la conversación con Juan.

Explicamos nuestra política de fronteras, el interés en las relaciones política con su gobierno, la importancia del reconocimiento de beligerancia, nuestro compromiso con el canje y las salidas políticas a la crisis colombiana. Agradecimos sus ofertas y apoyo en la misión organizada por Chávez. Sobre su pedido se le dijo que corresponde al Secretariado responder posteriormente.

3- Finalmente para ilustrar los temas de beligerancia y terrorismo entre nosotros incluyo apartes de artículo del Profesor Asociado, Departamento de Ciencia Política, Unal, Miguel Ángel Herrera Zgaib

"La verdad es que "estatus político" es distinto de terrorismo. En la realidad existen grupos políticos y estados que incurren de diverso modo en actos terroristas, sin que por ello pierdan ni su condición de Estados ni la de grupos políticos rebeldes o insurgentes.

Para la muestra más de un botón, el gobierno de los EUA ha incurrido e incurre en actos terroristas sobre la población civil con el pretexto de combatir el terrorismo global. Tales actos ilegales e inconstitucionales son objeto hoy de investigación por parte del FBI y otras agencias oficiales contra las acciones de las que se sindica a la CIA, por actividades realizadas no sólo en la base de Guantánamo sino en otros sitios del mundo, como Abu Graibh, ilustradas por Fernando Botero en su pintura de denuncia, y el gobierno de Polonia, entre otros. Irene Khan, secretaria de Amnistía Internacional señaló para el año 2004, "Si el gobierno de Estados Unidos no tiene nada que ocultar debe poner fin de inmediato a la detención en régimen de incomunicación y permitir el acceso a todos los centros de detención de observadores independientes de derechos humanos, como los de Amnistía Internacional y las Naciones Unidas". Ella misma añadía: *"El gobierno de Estados Unidos siempre ha demostrado su falta de respeto hacia los Convenios de Ginebra y los principios básicos de la ley, los derechos humanos y la dignidad humana. Esto ha creado un clima en el que los soldados estadounidenses creen que pueden deshumanizar y degradar a los prisioneros impunemente."*[2]

Más adelante dice: "En adición a lo anterior, el presidente Hugo Chávez fundamenta su audaz demanda en señalar que la calificación de terroristas dada a las Farc y al Eln obedece **a los dictados, a la injerencia indebida de los Estados Unidos de América, al desconocimiento por éstos del principio de la autodeterminación de los pueblos, a la condición imperial de su gobierno.** El gobierno puede no aceptar el estatus de beligerancia que eventualmente le den otros estados y uniones de estados a las Farc y el Eln, pero tal conducta, según el DIH, no invalida el carácter de beligerante que otros estados le otorguen.

La intervención del gobierno de Venezuela ha puesto en el límite el accionar de la llamada "Seguridad democrática" como política pública viable, al no aceptar más su presidente, con el

apoyo de la mayoría de la Asamblea Nacional, la descalificación política de los grupos insurgentes de las Farc y el Eln. En una forma poco ortodoxa, el presidente Chávez, después de coronar exitosamente el rescate de Clara Rojas y Consuelo González, ha puesto los puntos sobre las íes. De ninguna manera, su accionar presente implica una intervención indebida en la política colombiana, **tampoco ha violado él "el principio de no intervención",** como lo manifestara el vocero del partido Liberal, el senador Juan Fernando Cristo."

Abrazos, Raúl

VII

Febrero 08- 08.

Camarada Manuel, camaradas Secretariado. Cordial saludo.

1- Realizamos en 6346-6847-6875-6242 el encuentro con Ángel. Recibió personalmente la carta del camarada Manuel, la cual leyó en voz alta. Lo notamos muy contento. Le va a escribir al camarada.

2- Ya tiene disponibles los primeros 50 y tiene un cronograma para completarnos 200 en el transcurso del año.

3- El amigo de 348-6546-6447-6849-6471-6542 le sugirió trabajar el paquete por la vía del mercado negro para evitar problemas. El 17 de este mes llega a 6371-6845-6371-6242 un alto delegado de ese amigo para concretar el listado. Ángel nos pidió estar allí para que cuadremos personalmente con el delegado. Esto es clave.

4- Nos ofreció la posibilidad de un negocio en el que nosotros recibimos una cuota de petróleo para comercializarla en el exterior, lo cual nos dejaría una jugosa utilidad.

Otra oferta: venta de gasolina a Colombia, o en Venezuela. Tomando del dossier, creación de una empresa rentable para inversiones en Venezuela. Posibilidad de adjudicación de contratos del Estado. En todo lo relacionado con este tema participó el gerente de "6579-6545-6245-6449". Para lo pertinente, Ángel designó a Ernesto para que coordinemos con él.

5- Paso a otro tema. El Presidente Chávez pide al camarada Manuel, lo siguiente:

A) que le permita hacerle a las dos partes la siguiente propuesta. Que está dispuesto a recibir en su territorio (tal como se lo pidió el teniente en su carta) los 47 prisioneros en nuestro poder y los 500 guerrilleros presos por el régimen. Los tres gringos estarían solamente si de la otra parte está Sonia y Simón.

B) Una vez aceptada por nosotros lanza la propuesta pública dirigida a FARC y al gobierno y simultáneamente convoca a los países latinoamericanos a apoyar esta iniciativa, la cual generará gran presión sobre Uribe.

C) Tiene proyectado crear una especie de "Grupo de Contadora", que podría llamarse, dependiendo del lugar de la reunión en Venezuela, "Grupo Bolívar" o "Grupo isla de Margarita". Este grupo entraría a trabajar buscando nuestro reconocimiento como fuerza beligerante y desplegaría una gran actividad en pro de un proceso de paz en Colombia. En el grupo estarían Venezuela, Argentina, Brasil, Cuba, Ecuador, México, Nicaragua. Podrían estar también Francia, Suiza y España. Los curas, no. Por supuesto las FARC serían invitadas a las sesiones del grupo. Sería un reconocimiento de facto a la beligerancia de FARC. Pide una respuesta pronta a esta iniciativa integral, la cual recapituló así:

A) Las FARC envían todos los prisioneros a Venezuela.

B) Las FARC sólo lo harían si el gobierno de Colombia envía primero los 500 guerrilleros reclamados.

C) Obtenida una respuesta de nuestra parte, entraría a pedir el apoyo del mundo y de Uribe una respuesta.

D) Al recibir, ubica a los prisioneros de las dos partes en un campamento humanitario, con presencia de la prensa, delegados internacionales y FARC.

E) Dice que una respuesta positiva de nuestra parte, pulverizaría el impacto negativo que pudo haber tenido la marcha manipulada contra nosotros el 4 de febrero. Está dispuesto a impulsar "contra marchas" en varios países a favor del canje y la paz.

6- Uribe le está pidiendo cacao a Argentina, Brasil y Cuba para que le ayuden a solucionar tamaño problema que se ha ganado con Chávez y en especial, la crisis comercial. Dice Chávez que la única manera de que él "doble la página" sería que Uribe apoyara la creación de esta especie de "Grupo de Contadora". Pide que a la instalación de este grupo le llevemos a Ingrid. "la pido –dice-, pero respeto la decisión que ustedes tomen".

7- Está listo lo del camarada Martín. Sólo hace falta la dirección. También reiteran la disposición para facilitar lo del Grandote y Rafael. El Ministro informa al Secretariado que va a desplegar un corredor de seguridad en la frontera (2.200 kilómetros). Empieza por el Caribe, luego con el Magdalena y sigue con el Oriental. Pide colaboración, y un pronunciamiento de FARC sobre los secuestros en la frontera. Queda a la espera de las coordenadas para pasar a recoger a los tres o más que determinemos. Chávez manifiesta su preocupación por el conflicto FARC-ELN en Arauca.

Es todo, Atte., Iván y Ricardo.

VIII

Febrero 14-08.

Camarada Manuel, camaradas Secretariado. Cordial saludo.

1- De acuerdo con la estrategia por etapas, diseñada por el camarada Manuel, y con los tiempos. Entendemos que con la entrega de Clara y Consuelo hemos cumplido la primera etapa. La segunda culminará con la entrega de los tres anunciados. Concluida esta segunda etapa Chávez procedería a convocar el grupo Isla Margarita con el siguiente propósito: Solicitar como grupo el despeje de Pradera y Florida para el intercambio humanitario. Avanzar en el reconocimiento de FARC como fuerza beligerante, sugerir iniciativas a las partes, insistir en el encuentro Chávez-Marulanda para explorar caminos de paz. Vendría la tercera etapa consistente en la entrega de las pruebas de supervivencia de los 9 sub oficiales. La cuarta etapa sería la entrega de los restantes civiles al grupo Isla de Margarita. (¿Ingrid estaría entre ellos?). La quinta sería, de no prosperar el despeje, el desarrollo de la propuesta de Chávez, en la que Venezuela recibiría los paquetes en campamentos diferentes, teniendo en cuenta lo que se ha dicho con respecto a Simón, Sonia y los gringos. Si esto es así convendría conversarlo personalmente y lo más pronto posible con el Presidente Chávez.

2- Con relación al dosier consideramos determinante la conversación sugerida por el propio Ángel este 4266 4866 4263 7763 4365 4668 4868 con el 7068 4768 4262 7168 7365 4562 4461 4362 7060 6544 6549 6546 7061 7864, enviado por el 6579 4668 6164 6761 6243 4864 6572 6542 6544 6549 6546 6576 6572 6578 para tratar el tema de los 6378 6555 6505 7460. Entendimos que Ángel paga con 6803 6243 4868 4564 6578 y luego lo descuenta del monto convenido. El negocio lo garantizan ellos. Lo del 4367 7163 4463 7668 4865 4868 es para cubrir la operación. Por eso consideramos clave que el camarada Manuel autorice atender esta invitación, que ya está encima.

3- Para el negocio financiero nos ofrecen tres renglones:

A) Venta de 6803 6243 4868 4564 6578, dejando la ganancia para nosotros. No hemos precisado si ellos hacen la operación con su infraestructura, o debemos hacerlo nosotros a través de una empresa amiga, la cual ganaría un porcentaje.

B) Venta de 6303 7264 4664 7568 para vender en Colombia o en Venezuela. Para esto también se requiere una empresa.

C) Asignación de7463 7665 4362 4568 4362 7460 de obras diversas para lo cual disponemos de un socio con experiencia, confiable y además camarada que trabaja con nosotros. Tenemos otro empresario amigo, el cual podríamos abordar para explorar posibilidades.

4- La reunión del 5166 5766 contribuirá a precisar los tres puntos anteriores y si debemos comprometer o no, recursos.

Atte., Iván, Ricardo.

Nota: Lo que nos piden con relación a la frontera es que hagamos un pronunciamiento reafirmando nuestra política y ratificando que no tenemos y no es política nuestra la retención de venezolanos.

Le agradeceríamos al camarada JE algunas pistas adicionales para llegar preciso al sitio donde debemos recoger las pruebas.

IX

4

FEBRERO, 16 de 2008
Camarada Raúl:

Reciba junto con ésta un fuerte abrazo extensivo a Gloria, deseando se encuentre bien, sobretodo de salud. Seguidamente le comento.

1-Novedades del frente 48, la muerte de Ever colorado cuando tropas a saltaron una unidad al mando de Olbany se encontraba por los lados de limoncito, una unidad al mando de Edgar se encontraba cerca y lo apoyo sacaron las cosas y el muerto. La deserción de 2 muchachos nuevos por los lados del camarada Benítez sin nada. Por los lados de Teteye deserto Mileidy. Por lados Edgar desertaron 2 nuevos. por los lados de Jon Freddy en combates murieron Eliana, Arnoldo y perdimos 2 fusiles. Llevan 2 operativos seguidos los ecuatorianos por los lados de rancherías y lados donde vive don Mario, nos cogieron el taller y las tropas colombianas también entraron cerca del taller se llevaron unas armas viejas que estaban para reparación.
2-Lo que hemos realizado por donde Benítez en la parte militar no se ha materializado, nada. Por donde Jair, Maubricio, lo del minado teteye donde murieron 10 militares y 16 heridos. Por donde Jon Freddy en combates han muerto 7 militares. Por donde Edgar con franco tiradores 9 militares muertos y 4 heridos 7 voladuras al tuvo, derribada una torre en la Hormiga, 3 torres eléctricas en el alto Putumayo. Por los lados Me caya no habido nada.
3-Nos proyectamos realizar por los lados del trasandino 300 voladuras al tubo, una emboscada al ejercito, estamos preparando explosivo y entrarlo al sitio de trabajo. También tenemos listo para una emboscada cerca de la victoria, lo que nos resulte por donde están las unidades de acuerdo la inteligencia que vayan precisando. También ya tengo 600 granadas ya casi listas pienso en unos 15 días ya estamos trabajando con ese material.
4- En el trabajo de masas están los camaradas trabajando bien, sin novedad en especial van a salir 50 de legados para 22 del presente mes encuentro en el Ecuador. Hay algunos comentarios en este trabajo vamos analizarlos mejor para informarle.

Página 1 de 2

235

5-En el trabajo de finanzas no hemos podido realizar un negocio bueno, apenas tratando de precisar algunos negocios, hemos hecho cosas pequeñas y la situación sigue dura la de la erradicada y fumigación. Con Marcos hablamos de que nos colaborara si él estaba vendiendo a buen precio nos ayudara estuvo de acuerdo unos pocos cositos en México por cada coso queda de 5.000 dólares libres solo se mandaron 4 y ahí se le mandan 20 mil dólares y seguimos por ese medio tratando a ver si podemos conseguir otros recursos.

6-Otros de los temas es lo de el Uranio hay un señor que me surte de material para el explosivo que preparamos y se llama Belisario y vive en Bogotá es amigo de Jon 40, Efrén oriental, Caliche de la Jacobo, el me mando el muestrario y las especificaciones y proponen vender cada kilo a 2 millones y medios de dólares y que ellos entregan y nosotros miramos a quien le vendemos y que sea el negocio con un gobierno para venderle arto tienen 50 kilos listos y pueden vender mucho más, tiene el contacto directo con los que tienen el producto.

7-Ya a Lucero le oriente que deje las cosas organizada y se alistara con Norto para que se venga, con todo o de civil, pienso que si no hay novedades en 8 días llega al lugar.

8-MARCOS MANDA ESTE DATO HAY SE LO MANDO, LO MAS IMPORTANTE QUE LE QUIERO INFORMAR ES DE UN MINISTRO DE APELLIDO BUSTAMANTE, ES DE LA CIA DATOS DEL NUMERO UNO TU YA SABES QUIEN A MI ME RECIBIERON EN UNA REUNION Y PREGUN TE POR CURIOSIDAD POR TODOS Y ME DIERON DATOS DE DOS ESTE TIENE OTRO QUE TRABAJA PARA EL COMO SEGUNDO O SUSESOR DE NOMBRE ROLDAN ES DE LA DEA, POR SI HAN HECHO ALGUN ACERDO CON EL MINISTRO BUSTAMANTE TODO ECHARLO ATRÁS QUE ESE ES EL CANAL QUE TIENEN PARA UBICAR AL VECINO SUYO OJO NO HECHE ESTE DATO EN SACO ROTO, QUE ES CIERTO.

9-Hay le mando a Gloria 6 mil dólares y le oriento al camarada Benítez le entregue 13 millones.

Edgar Tovar.

X

2

28.02.08

Camaradas del Secretariado. Cordial saludo.

1-Concluyo en éxito la fase de liberación unilateral de prisioneros. Nos quitamos varias cargas de encima y apuntalamos nuestra política frente al Presidente Chávez. El punto negro, es el incremento de la presión por Ingrid, por cuenta de las declaraciones de Luis Heladio Pérez, dando cuenta de su extrema gravedad y el trato discriminatorio contra ella.! Hasta donde conozco, esta señora es de temperamento volcánico, es grosera y provocadora, con los guerrilleros encargados de cuidarla. Además como sabe de imagen y semiología, las utiliza en impactar en contra de las FARC. Previendo los reclamos del Emisario francés, pienso informarlo de esta situación.

2-Resumo reciente conversación con Emisario del Presidente Correa:

a -Solicita conversar personalmente con el Secretariado en Quito. Ofrece garantías y transporte desde la frontera hasta el lugar de encuentro.

b)-Espera nuestra respuesta en el menor tiempo posible, indicando fecha.

c)-Nos pregunta si queremos hacerlo apoyados en los militares o en su ministro de seguridad estatal.

d)-Desea hablar con las FARC del acuerdo humanitario, la política de fronteras, la solución política, Ingrid y el papel de Chávez. Desea establecer coordinaciones con nosotros sobre la frontera binacional.

e)-Quiere explicar los propósitos del Plan Ecuador, con el que pretende contra restar los dañinos efectos del Plan Colombia, que aplicará en la línea fronteriza.

f)-Para el Plan Ecuador nos piden cursos de organización de masas para nativos de la frontera. Los que luego serán encargados por el gobierno de coordinar con las FARC el trabajo fronterizo. Con la ventaja que una gente de esta, es parte del Partido Clandestino o participan del Comité Binacional orientado por el Frente 48.

G)-Insiste en su interés de contribuir con el intercambio de prisioneros, para lo cual pide la liberación del hijo de Moncayo u otro prisionero.

3-En la parte de la invitación, la agradecimos y explicamos que decisiones de estas corresponde al Secretariado y se requiere cierto tiempo para su definición. Dejamos claro nuestro interés en contribuir en la labor de hermanarnos más en la frontera en coherencia con nuestra política explicada en la plataforma bolivariana, el manifiesto y demás documentos del Secretariado.

4-Por lo conversado con el Emisario, las relaciones Chávez-Correa no están en su mejor momento. Fuera de esto Uribe llama a Correa con frecuencia para que le contribuya en limar asperezas con Chávez. Uribe fuera del Embajador, tiene ubicado en Quito a otro funcionario, cuya misión es hacer lobby ante Correa y su equipo de gobierno, solicitando ayuda en la lucha contra las FARC y en mejorar las relaciones con Chávez.

5-No deja de preocuparme una eventual movida a atender la invitación por la alta concentración de agencias de inteligencia y corrupción en ese país, donde el gobierno aun es bastante débil.

6-Los gringos, pidieron cita con el ministro para solicitarle nos comunicara su interés en conversar varios temas. Dicen que el nuevo presidente de su país será Obama y que ellos están interesados en sus compatriotas. Obama no apoyará plan Colombia ni firma del TLC. Aquí respondimos que nos interesan las relaciones con todos los gobiernos en igualdad de condiciones y que en el caso de Estados Unidos, se requiere de un pronunciamiento público expresando su interés en conversar con las FARC dada su eterna guerra contra nosotros.

Es todo. Abrazos, Raúl

Este libro terminó de imprimirse en septiembre de 2008
Corporativo Monteros S. A. de C. V., Villa Consistores
núm. 2 Col. Desarrollo Urbano Quetzalcóatl, Del.
Iztapalapa, C. P. 09700.